デカルトの道徳論

ジュヌヴィエーヴ・ロディス゠レヴィス

大崎　博　訳

訳者まえがき

本書は、Geneviève.Rodis−Lewis ジュヌヴィエーヴ・ロディス＝レヴィス（1918─2004）による La morale de Descartes PUF,1962 の翻訳である。デカルト研究の世界的な泰斗としての著者の数多くの論文や著書は、英米のみならずわが国でもよく識られており、また非常に高く評価されてきた。わが国でも、すでに、『デカルトの著作と体系』（小林道夫、川添伸介訳）や『デカルト伝』（飯塚勝久訳）など多くの著書が紹介、翻訳されており、生前には日本を訪問もされて、日本のデカルト研究者とも因縁浅からぬものがあったように思われる。

訳者がこの著作の翻訳を思い立ったのは、何よりもまず、その内容の簡潔で優れた記述によってである。「小さいけれども巨大な」書籍という評があるように、本書は、原書にして一三〇頁余の比較的コンパクトな書物でありながら、内容の上ではきわめて深く、大きな射程をもっている。英国のマーシャルやモーガンに先行してその道徳論研究にも大きな影響を与えたように思われる。デカルトの道徳論研究の歴史を変えた書といっても誇張にはならないであろう。

本書で著者が指摘しているように、デカルトの道徳に関する研究には長い歴史があり、古くから多くの解釈上の争点が産み出されてきている。これをテーマにする著者ごとに、それぞれ異なる多面的な解釈が提出されてきたとさえいえる。その主要な理由の一つは、生前にデカルトが道徳に関する著書を一冊も残さず、まとまった形での道徳論を発表しなかった点にある。それは、何よりもデカルト自身、いくつかの書簡にも窺えるように、道徳に関する見解を披歴して好まざる論争に巻き込まれることを警戒していたからである。デカルトは、論争による時間の消費と反駁するためのエネルギーの浪費を恐れていた。そうであるからといって、自然科学や数学への専心的研究以外にデカルトが道徳に全く関心を抱いていなかったというのは、本書で著者が述べているように、誤った評価である。最初の著作からすでに道徳への関心を示す部分が多々見受けられ、どの著作にも道徳（モラル）への関心を示すと思われる記述がある。それがはっきり表立って現れてくるのは、晩年から始まるエリザベトへのいくつかの書簡からである。エリザベトの質問に呼応する形で道徳的色彩が濃い対話が始まり、デカルトは、はっきりと道徳について言及し始める。しかし、問題となるのは、歴史的な事実としてはそうではあっても、果たしてデカルトがどのような道徳観、道徳理論をもっていたかを見極めることがどこまで可能かという点である。われわれに残されているのは、書簡を含めてデカルトの全著作の中の僅かに部分的な資料だけである。

著者が試みた考察は、こうした資料的制約の下にデカルの倫理・道徳に関する見方をでき得る限り明らかにすることである。その場合に考えられる方法としてはいくつかのやり方が可能であろうが、本書での著者の試みは、デカルトが残した文章を通してデカルト自身にその道徳観を語らせることである。本書をひもとかれる読者は、著者の案内にしたがってあたかもデカルト自身の声でその説明を聞いているような感を抱かれるであろう。しかし、それは単なる主観的構成によって産み出されたデカルトの声ではなく、積年にわたる膨大な精査研究に裏付けられて産み出されたものである。別の見方をすれば、それは、著者が数多くの引用を重ねながら自身の解釈を提示していることである。

文中に埋め込まれた非常に多くの詳細な注釈から、著者の客観的、実証的な研究スタイルが読み取れる。同じ著者のデカルトの伝記（『デカルト伝』飯塚勝久訳）を手に取れば直ちにその姿勢が了解されるであろう。そこでは、きわめて多くの実証的な裏付け調査を積み上げ、デカルトに関わる歴史的事実が詳細に掘り起こされている。客観的な事実と著者自身の解釈が区別されたうえで、推測や解釈は疑問形で提起されている。

本書を手に取ってみれば直ちに明らかなように、本書はデカルトの書簡、著作からの数多くの引用で組み立てられている。それらの引用句には詳細な出典指示や注釈が施されている。目次から明らかなように、青年時代からのデカルトの哲学形成の歩みを辿りながら、最晩年に高邁の概念に到達し、道徳的「知恵」について言及するようになるまでのデカルトの道徳論の生成が、主要な著作を基に丹念に跡付けされている。包括的かつ理論的に自らの道徳論を開示しなかったデカルトの道徳観を、著作の断片的な言及箇所や晩年の書簡からいわば逆照射して浮かび上がらせる手法は大変な労力を要するものであり類書にないユニークな試みである。

本書で著者が述べているように、われわれに残されている基礎となる資料は六〇〇余通の中の少数の書簡、『方法序説』第三部の暫定的道徳の言及、『哲学原理』特にその序文、『情念論』の一部の記述だけである。デカルトの晩年のおよそ一〇年の間に、道徳への言及が表立って現れて来るわけであるが、本書での著者の試みは、デカルトの生涯全体を辿りながら実証的、客観的にデカルトの道徳論の生成を辿ることにある。こうして著者がまとめ上げた卓越したデカルトの道徳論研究は、単に専門的なデカルト研究者のみならず現代を生きるわれわれに一つの光を与えてくれるものである。

本書の構成は、序で著者の問題設定が示され、第一章で若きデカルトの学的探究の出発点と歩みが、第二章で形而上学的な視点からの議論の整理が、第三章で身心結合の視点からの考察が、第四章で社会共同体の視点から見た場合の検討が、そして結論で最晩年のデカルトの道徳論の到達点とその意味合いが考察されている。

著者が展開しているデカルトの道徳論の大筋を辿ろうとする場合、一般の読者にとって比較的抽象的で哲学的な色彩の強い第二章の議論を後に回して読み進めることも可能であろう（ちなみに、デカルトは一冊の書を三回読むことを薦めている）。

最後に、本書の読者にあらかじめ留意していただきたい点を以下に記しておきたい。

・巻末注について

原書では、引用文の出典指示が仏語原文の中に繰り込まれている場合が多く、多くのページにある欄外注記はこれとはまた別である。本文の論脈をできるだけ簡明に立ちどまることなく把握することができるようにと配慮して、出典の指示を含めてすべての注記を巻末にまとめて示した。それらに訳者が総番号を付して本文中に割り振ってある。したがって、必要に応じて巻末注を参照すれば著者が付した注記は漏れなくこれに含まれている。その結果、注番号が650番にまで膨れ上がっている。巻末注の初めにも記してあるが、ここには原書には存在せず訳者が付した注も含まれている。その場合には注番号の頭にアステリスク（＊）の記号を付した。

・原書の引用文とその出典指示について

デカルトの書簡、著作からの引用文の出典指示の大半は、アダン・タンヌリ版全集に依っている。訳者は可能な限りそれらすべてを比較対照したが、文章構成上、著者が自身の文章との繋がりを滑らかにする工夫として若干の改変が加えられたものも見出されたが、デカルトのテキストの意味を大きく変更するものではなかったので、一つ一つ細かく明記しないでおいた。また、引用文に対応する邦訳の書籍がある場合にはそのつどその書籍の当該箇所を明記した（詳しくは巻末注を参照されたい）。

本文中の引用文、注記の扱いに関して訳者が留意した点は、訳者の解釈や注記がそれらと混じらないようにという点である。訳者が付記したものにはすべて〈〉、＊の符号が付してある。印刷上のミスあるいは著者による誤記と思われる部分もそのままにしてある。したがって、全体として訳者の付した注と原著の注の区別は一目瞭然である。

原著は現在までに四度、版を重ね装丁も変更されているが、ごく一部の注記を除いて内容の上での変更は見当たらなかった。明らかに印刷上のミスと思われる箇所もそのままになっていて訂正されてはいない。

目次

第四章　人格と共同体

序

第一節

哲学への誘いはすべてデカルトと邂逅する、少なくとも『方法序説』を通しての。デカルトの精神の遍歴には、当初から「自分の行為を明瞭に見定め、確信をもってこの人生を歩む」[1]という渇望が表れ出ている。また、同じ個所で砂上の楼閣のような古代の道徳論の脆弱性や、基礎こそ堅固であれ数学の凡庸な成果が慨嘆されている。というのは、徳を称賛するだけでは十分でなく、「徳を認識する」[2]ことが必要だからである。このように、デカルトが目指した安定した建物には、科学と道徳が含まれている。なぜなら、われわれの行動は思索による知的確信によって照らし出されなくてはならないからである。

しかしながら、『方法序説』の第三部で示される道徳規則は、広く一般的な賢慮による忠告のように思われる。つまり、それは、政治においても宗教においても伝統に従うことや、一度決断したらそれに忠実であることや、実際に達成できることに欲望を限ることである。ビュルマンが語った言葉によれば[3]、こうした格率を公に示すことで、デカルトは徹底的な懐疑は宗教の破壊だと主張する衒学者から身を守ろうとしたのであろう。また、デカルトが進んで道徳について書いていたわけでないことが、シャニュ宛ての書簡によって証明されている[4]。

だが、『方法序説』の第六部は、技術の進歩によって普遍的善を目指すという人間の理想を宣言する。またこの願望は、最も広範な人々に向けられたこの著作の中で留保なく述べられていて[5]、反論を引き起こすどころかベリュール枢機卿によって励まされていた[6]。

こうした独自な面は、副次的次元ではあるがとても親密で率直なボヘミアのエリザベトへの文通にも流れている。そこでは、デカルトがスウェーデンのフランス大使シャニュやクリスティナ女王に宛てた道徳についての他の書簡と同じく、かなり伝統的な議論の展開が支配的である。また、『情念論』の各部を区切る諸節でも同じであるが、デカルトは、しかしながら、「雄弁家としてでも道徳哲学者としてでさえもなく単に自然学者として」[7]説明しようとしていた。それゆえ、『情念論』が典拠としている「知恵」[8]の段階を決定するためには、伝統と学知のそれぞれの持ち分を正確に規定しておかなければならないだろう。

というのは、『哲学原理』の序文では、共通概念、つまり感覚的経験や会話ないし読書における他者との交流に依拠した経験的な知恵の初めの四段階[9]を、デカルトがこのように体系の頂きに置く最も完成された道徳に対置しているからである。「哲学の全体は一本の木のようなものであり、その根は形而上学であり幹は自然学で、この幹から出た枝はすべて他の諸学であり、それらは三つの主要な学すなわち医学、機械学、道徳に帰着します。私は他の諸学の知識全体を前提にした最も高きかつ最も完全な道徳のことを考えているのです」[10]。

デカルトにとって、この道徳はほとんど到達不可能な理想であったのだろうか、それとも、もしもっと生きていたなら、それを展開していただろうか。一六四五年に再び「道徳の三つの規則…『方法序説』の中で書かれた」を取り上げ直すさい、デカルトは知識が完全ではない暫定的な段階で満足しているように見えた[11]。

以上の指摘は、援用されたテキストが分析されれば明らかになろうが、その唯一の目的は、「デカルトの道徳」となりえたであろうものを決定づけることがいかに繊細なことであるかを感じ取ってもらうことにある。定義された著作としてできあがっていたかもしれない道徳が、五四歳の死によって書かれなくなったにしても、われわれがその作品を補って仕上げることは不可能である。

いく人かの後継者がそれを試みた。ルイ・ド・ラ・フォルジュの『人間精神論』（一六六六）の翌年に、『理性の最も明晰な観念と良識とデカルト氏の非常に優れた格率に則って作られた幸福に生きる技術』が現れた[12]。

第二節

だが、そこまで大胆にやらずとも、道徳に関してわれわれに伝えられているテキストが、どの程度整合しているかを規定しておく必要はある。おそらく、デカルトはもっと前進しえたであろう。その行程を見定めようとすれば、少なくともその著述の筋道を詳しく注記しておかなくてはならない。

書写とバイエの伝記とによって伝えられている青年時代のメモは、今日では消失してしまった手稿に依拠している。この時期（一六一九―一六二八）の後に「暫定的」道徳を含む『方法序説』が来て、われわれの生活と行動を改善するために学識を用いることが嘱望される。一六四三年から一六五〇年までの間では、シャニュやエリザベト宛の書簡とこの時期の著述を分別するのはいっそう困難である。というのは、『情念論』は一六四五―一六四六年の冬の間に編まれ、手直しされて一六四九年にデカルトによって出版されていて、倫理学に密接に関係している『哲学原理』（一六四四年）のラテン語版の序文（一六四七年）およびフランス語版序文は、こうした年次の初期とその中間に位置しているからである。

デカルトの三つの道徳、「賢慮、知恵、高邁」[13]を順序通り示すには、それゆえ、一六三七年の時点ではデカルトが暫定的道徳の教えだけに留めていることを前提に置かなければならないだろうし、またきわめて独創的な高邁についての『情念論』の詳説が、知恵に関する一六四七年の序文の後に来ていることを前提にしなければならないであろう…[14]。

しかし、こうした面にはある種の同時性が認められるものの、そこに両立不可能な要素が見てとれるし異なる息遣いが示されていて、デカルトはそれらの間で揺れ動いたのではないだろうか。つまり、完成された知によって演繹されるような完全な道徳が到達不可能な限り、まったき確信をもって行動することができないため、デカルトは暫定的規則で満足するだろうし、また曖昧さが内在していても、心身合一を包含する情念の学で満足するであろう。だから、その内容において明晰かつ判明という規則に代わって「できるだけよく」[15]行為するという唯一の形式的な意図が生ずる。

この研究は、こうした分析の豊かさを誤認することなく、むしろデカルトのテキストを統一する主導的なラインを引き出そうとする試みとなろう。道徳は、体系の形而上学的な根とその幹から汲み取られた活力で養われる。つまり、十全に自然を研究することは、確かにデカルトにとっては、学知に対立する経験的な知恵ではあり得なかった。しかし、デカルト哲学の批判的な試みによって、それぞれの領域において人間が到達可能な確信の程度が規定される。そして、おそらく最も高尚な人間的知恵は、具体的で複雑な生を前にして、いわゆる「道徳的な」確かさを受け入れねばならないだろう。

第三節

デカルト自身の著作がこうした見解を規定し人格的な出会いを準備する助けになってくれるであろう。数多くの引用が、デカルトを可能な限り現在に蘇らせるであろう。[16] 先入見を持たない読者は、おそらく、デカルトがただ単に冬の自分の「炉部屋」に閉じ籠ってこの上なく困難な形而上学的な省察に没頭したり、数学や物理の問題を解こうとしたりする思想家でないことを発見して驚くであろう。道徳についての手紙でデカルトは、研究の才能豊かな通信相手に、過度の知的な緊張で健康を損なわないようにと忠告したり、「どんな悲しい考えからも、また学問にかんする謹厳な考えからも精神を全面的に解放して、森の緑、花の色、鳥の飛翔やなんの緊張も要らないものを眺めて、もっぱら何も考えないように決めている人たちを手本にするように」[17]勧めたりしている。

このように、合理的な思索のかたわらで、「哲学することなしに各人が常に自己の内で経験する」[18]具体的な生を誤解してはならない。ところでわれわれを「唯一の人間」[19]としているこの心身結合は、われわれの行動を律する日常の反省の領域にある。また数学におけると同様、形而上学においても明晰で判明な観念だけを保持する同じ理性が、行為にたいしては、知の絶え間ない進歩にも関わらずそこに何がしかの限界を認める。

だが、こうした曖昧な領域は、それらを解明しようと最大限に試みればその範囲は確定される。また、この企ては知恵の核心そのものでもある。道徳への自分の思索を公にすることを嫌悪していたにもかかわらず、『哲学原理』の仏訳の序文を付すさいにデカルトがいっそう広範な読者を前にして主張するのは、「各人がめいめいで」[20]われわれの行動を統御する哲学的思索に最高の精神的な喜びをもって専心しなければならないだろうという点である。知恵の果実を享受するには「みずからそこに没頭することが最良で」[21]、道徳に関するテキストを読むことよりずっとましである…こうして、「他人の後について行く」[22]のではなく自分の眼を開いて自分で歩くことによって、われわれは、さらに「色彩と光の美しさを楽しむ…ところで、哲学することなしに生きることは、まさしく眼を開こうと決してせずに閉じたままでいることである。また、なんであれ視覚がわれわれに露わにするものを見る楽しみは、哲学によって見出す事物の認識が与えてくれる満足と比べれば取るにたらない。つまるところ、われわれの生活習慣を統御し、この人生にあって自分を導いていくためには、自分の歩行案内のための眼の使用よりも哲学の研究のほうがずっと必要なことである」。[23]

第一章　若きデカルトの渇望と「暫定的」道徳

第一節

「ポワトゥの人」ルネが、一六一九年の年始の贈り物として自分の初めての小さな著述『音楽提要』を友人ベークマンに贈り、科学に没頭しながら衛兵隊の喧騒の中でこの論考を大急ぎで書き上げたという逆説的対比を最後に記している。すなわち、この時以来、旅行に夢中になっている若き兵士という「仮面」[24]を付けているが、その裏には、「連続的であれ不連続であれあらゆる量的領域で提起されうるどんな問題も、一般的に解法できるまったく新しい学問」[25]を目指す数学者の顔が隠れている。そして、『思索私記』という表題で集められた断片が示しているのは、いく種類かの方程式を解くための同じ「一般規則」の探究と、「賢人たちの思索は少数の一般規則に還元されうる」[26]という確信である。『方法序説』との類似がきわだっており、その語り口はこうした点との共鳴が見られる。すなわち、第一部は思弁的な確信と実践的な確信を、「生活に有用なすべてのものの明晰で確かな知識」[27]に拠って統一する願望に培われている。こうした希望の下で、デカルトは確たる「優れた、重要な」[28]仕事としての「真理探究」に身を捧げる。モンテーニュやその弟子で『知恵について』の論著（一六〇一年）の著者であるシャロンの後のデカルトの同時代人たちは、豊かな学的知識の蓄積と体験的な知恵の調和的な均衡とを対置させた。これに対して、デカルトはこうした二つの不十分な概念を超えようと欲し、学を「満たされた頭」[29]に還元することも知恵を一連の実践的な生活訓に還元することも拒否した。すなわち、徳と不徳の経験的な反省や、情念や詩的な警句に対する攻撃、こうしたものは「習俗を論じる古代の異教徒の著作」[30]がもたらしたもので、基礎がないとデカルトは嘆いている。ずっと後になると、デカルトはセネカを非難してやはり正確さが欠如していると言うだろうし、「雄弁家」ないし「道徳哲学者として」情念を語ることはさし控えるであろう。自分が受けた教育に対する失望について一六三七年にはごく僅かしかまとめていないものの、青年期のデカルトは、無為で無用な議論に較べて「その論拠の確実さと明証性のゆえに」[31]、数学の魅力をきっと体験していたに違いない。そして、ベークマンの刺激を受けていち早く物理―数学の複雑な探求に没頭し、それを駆使して実践的に応用し、諸学の全体的な体系を打ち立てることを可能にするような確実でいっそう一般的方法を作り上げようと腐心していた。

一六一九年一一月一〇日の記念すべき夜にいくつかの夢を見たさい、デカルトはこれは記して解釈するに十分重要だと判断して、半睡状態で「この世界の善と悪について」[32]あれこれと思索に身を任せていた。とりわけ、「一緒に集められたすべての知識」[33]と「哲学と知恵の合体」[34]が、辞書とラテン語の詩句集によって象徴されているのを見た。すなわちそれらの対象は未だ二重に見えているが、統一の願望はしかしながら根本的なものである。また、『詩人集成』に見られる二つの引用句、一つは（いずれの途をわれは行く）人生の方向を定めるべき決定、もう一つは（「しかりと否」）「人間の知識における真と偽と、世俗の学問」[35]を示していた。

このようにこれらの句は意味深長で、詩人は熱狂と想像力が逞しいから哲学者より才能豊かである。すなわち、詩人は火打ち石を打ってそこから火花を飛ばすが、哲学者は輝きが劣っていて、いわば理性の働きによって各人が内に持っている貴重な知の種子を引き出すように原石を粗削りしなくてはならない[36]。ところで、その当時自分を高揚させた熱狂[37]や詩に抱いた愛[38]にもかかわらずデカルトは哲学の途を選び、発見した真理を他者にたいして「明らかにし、理解できるようにする」[39]。つまり、知識の積み重ねではなく各人の内に良識を開発しなければならない。「良識の研究」は、一六二三年頃着手された作品のタイトルで、今日では失われてしまった。一七世紀の終わりにバイエは、未完の原稿の中に「われわれが抱く知りたいという欲望についての考察、知識についての考察、学ぶための精神の気質についての考察、知恵すなわち知性の働きと意志の働きを結びつけることによって、徳を伴った学問を得るために守らなければならない順序についての考察」[40]を見つけ出した。同様に、

『方法序説』の冒頭では、理性の普遍性が意見の多様性を妨げないことが確認された後、「最も偉大な魂には、最大の美徳と同時に最大の悪徳が可能である」[41]と指摘されている。それゆえ、われわれは精神を善く導き、意志をしっかり組み立てなくてはならない[42]。

したがって、『精神指導の規則』では、まず初めに「人間の知恵」[43]の統一が主張される。なるほど人間の知恵とはまず諸学の集成を表し、そのさまざまな対象は知性の統一に従う。すなわち、同じ自然の光ないし理性によって必然的な結合が引き出される。だが、知のこの統一によって、同時にまた良識の至高の価値の、ないしは普遍的な知恵の基礎が作られる。すなわち、他のすべての事柄は知恵に則っている限りでしか評価され得ない。

第二節

こうした事柄の倫理的な帰結を規定する前に、デカルトは建物の土台に穴を開けなければならない。まず行わなければならないのは、人間の理性で知ることができるすべての真理を検討することであり、この批判的な検討は、一生に一度、この知恵ないし良識[44]の開花に真剣に取り組む者によって企てられなければならない。デカルトのペンになる一生に一度という表現である、「神と魂の認識をわれわれに与えてくれるものですから、一生に一度は形而上学の原理を十分に理解しておく必要が…ありますす」[45]は、その必要性をよく示している。このように、発見へと繋がっていく徹底的な懐疑が、例外的で一回限りのものだという性格が強調される。「真剣に一生に一度は、私が信じて受け取ってきたすべての見解を、自分から取り除くようにしなければならなかった」[46]。

ところで、完全に「誤っているとして」[47]却下して偏見をことごとく根こぎにすると、すべての行為を禁ずる危険がある。モンテーニュが満足しているような「柔らかい枕」は懐疑主義者に対して伝統的にもたらされてきた非難を一掃することはできなかった。だが、デカルトがすべてを問題に付すさいは、この懐疑をもっと深めるためであって懐疑のうちに安らうためではない。すなわち、「全生涯をかけて私の理性を育て、できる限り真理の認識において前進することである」[48]。この二つの決定の間には暫定的道徳の格率が嵌め込まれている。

きちんと整った建物を建てるには、実際、古くなった壁を壊し新たな基礎を掘ったほうが良い。さらに「そこで工事をする間、不自由なく住むことができるような」[49]住居を用意しなくてはならない。「暫定的道徳」[50]とはそういうものである。それは、第二部の四つの準則の帰結として「方法から引き出された」[51]ものではなく、むしろ四つの準則によって求められているものである。というのも、暫定的道徳がそれらの厳格な使用を可能にするのだからである。明証の特徴である不可疑性は、懐疑の終わりにしか獲得されないのである。

『省察』の懐疑は、『方法序説』第四部の懐疑よりもっとずっと先へ行っている。感覚的な外見はしばしば誤りであったり、実在は時に夢と混同されたりする。[52]また最も明晰なわれわれの知識でさえもわれわれは悪しき誤った力の玩弄物になりえる。だが、おそらくデカルトは、[53]善良な神について語られたことはすべて一つの物語[54]であるかも知れないという前提に立っていたさいは、カトリックの宗礼には忠実であったろう。[55]暫定道徳の第一の格率とは、事実、そうしたものである。つまり、「私の国の法律と慣習に従い、私が神の恩寵を受けて幼少時以来教えられた宗教に常にとどまる……[56]」。自分の国の王の宗教と自分の乳母の宗教は、とある日デカルトは語るのだが、まず最初に社会的で受動的に受け止められたその特質を示している。そうしたものとして、幼児の信仰は懐疑の篩にかけられて「何ものでもないもの」[57]と見られることになる。だが、光を見出すことを待ちながら[58]デカルトは伝統にとどまる。そして、「他のすべての面で」、デカルトは「もっとも穏健で過度からは程遠い見解にしたがって」[59]自分を抑制する。「それらの見解は実践においては最も良識を備えた人々によって一致して受け入れられているもので」、彼はそれらの人々と「共に生きて」[60]いかなければならないであろう。

デカルトは、ここでモンテーニュを想起しており、モンテーニュもまた「トラブルを生まないようにするために自国の法律と習慣に従い」[61]幼児の宗教と受容されている法律に忠実である。モンテーニュはフランスの宗教戦争に苦悩していたが、デカルトはドイツの戦争の結果を見て、スペインの宗教裁判所から解放されたオランダに住むことを選んだ。[62]デカルトは大いに旅をして、「気質や身分の異なる」[63]人々を頻繁に訪れ見知らぬ習慣を「突飛で滑稽なもの」[64]として揶揄しなかった。「またおそらくわれわれの中にいるのと同じようにペルシャ人や中国人にも道理の通った人がいるとしても、最も有用であると思えたのは私が共に生きる人にしたがって自分を律することである」。[65]これは、常に、そうした見方固有の価値に偏見を持たず、賢慮を働かせるための日常的生の要求である。

しかしながら、それらの習慣が「同じように受け入れられる」[66]と、それらの間のバランスを取ることは途方もなく困難であろう。最も控えめなものは、最も便宜的であるだけでなく、また「おそらく最良と」[67]思われる。したがって、思弁的懐疑の次元では、「もっともらしく見えるに過ぎないものはすべて一応誤り」[68]と評価する理性は、誤っている場合には他の極端からあまり離れていないところに位置を取ろうとして、正しい中庸の選択を実践的なものとして正当化する。

だが第一の格率の暫定的性格は、さらに、状況判断が完璧である限り前提全体の拒否としても現れる。もはや承認されないような意見に従わざるをえないことは、良識に対する「大きな過ちを犯すことになろう」[69]から。

第三節

しかしながら、このようにして悪しき決定を訂正する可能性をはっきりと保った後、デカルトは、妥当な確信が得られない限り絶えず後退しようとする誘惑を避けようとする。すなわち「私の第二の格率は私が取るであろう行為において確固としており断固たることであり、また一度決意したらいっそう疑わしい見解には非常に確かなものである限りでしかどんな場合でも従わないことである」[70]。それゆえ、「われわれが最も蓋然的な形で従うべき」は、「最も真なる意見を弁別することができない場合」[71]だけである。なぜなら、不決断が危険であるのは「うまくなそうという過大な欲望」[72]

から来るからである。森で迷っている旅人は、真っすぐに進んでそこから出なくてはならない。望む方向に至り着かなくても、無駄にぐるぐる回っているよりましである。しかしながら、間違いのない道を確かに知っている人に出会ったら、必要な場合には躊躇なく引き返すべきであろう。

第二の格率は、それゆえ、やはり真なるものを知らない無知な人間に適用される。しかし、人間の生活は必ずしも良い道を見つけにくいような密林ではない。定めた決断に忠実であることは、デカルトの道徳関係の最晩年のテキストの内に持ち込まれている。そういうわけでここで、確固不動な規則は不合理なものでないことを指摘しておいた方が良いだろう。複雑なある種の状況の曖昧さを前にして、したがっている見解がそれ自体「どんなに疑わしいもの」[73]であろうと、抑制の選択は第一の格律によって正当化されており、「本当らしさ」[74]に訴えることは第二の規則にも入ってきている。「生活上の行為はしばしば遅延を受け付けない」というのは、「きわめて確かな真理である」[75]。というのも、間違いのない道を知る前に判断を停止することは、旅人を森の中で危険に晒すことになるだろうから。デカルトは、もっと後で同じような例をあげている。つまり、われわれの食物に毒が入っていないというのは絶対に確かなことではない。しかしながら、深刻な不信の動機でもない限り、われわれはテーブルに着く前にすべてのものを分析するような暇はない[76]。まず、生活することである。なぜなら決心を肯定するのは哲学そのものであるからである。つまり、われわれは、「その見解に決定させた理由が真実であり確実であるから」、自分の見解を「全く真実であり確実なもの[77]」と見なさなければならない。

第四節

悔恨や無用な心残りを避けるための最終的な手段が残っている。われわれは、「われわれの外部に在る事物に最善を尽くした」[78]であろうか。われわれは、行動する前に反省してから、最善と思われたことを確固として行ったであろうか。われわれが誤っていることがその件からわかっても、事の成行きはその時には予見できなかった。「われわれがある場所に用があって、二つの別の途を行くことが可能な場合、一つは通常他よりずっと危険がなく、恐らく神の意志でそうなっているにもかかわらず、われわれが最も確かだと思う道を通って行けば必ずその道中で追剥に出会い、また逆にもう一つの方は何の危険もなく通って行ける場合、そうだからと言ってどちらかを選ぶことに無関心であるべきでない。また摂理の不動の定めに身を任せるべきでもない。理性は普通一番確かな道を選ぶように欲する」[79]。そして、何か不都合が生じてもそれから免れたいと願うことはできない。というのも、それは、「われわれにとっては避けがたく」、また「悟性が認識しえた最善」[80]をなしたからである。この例は、つぎのような第三の格率の良き例証になっている。「運命によりもむしろ自分に打ち勝つように、また世界の秩序よりも自分の欲望を変えるように常に努めること」[81]。しかし、『方法序説』では、予見不可能な偶然であれわれわれが気付かない拘束であれ、二つの言及されている表現が対置されている。これに対してデカルトの最後の著作では、暫定的道徳の段階では未だ仮定のものである。「摂理の決定」[82]がそれらに置き換っている。しかしながら、一六三七年以来、運命という語は、『情念論』はこの語を「キマエラ」[83]と非難することになるのだが、偶然という意味を失っている。すなわち、「われわれを可能ならしめないものはすべて、われわれに関しては、絶対に不可能である」[84]と考え、「必然を徳」としなくてはならないのである。おそらく出来事の内的な必然性は、懐疑のさいには、単なるプラグマチックな前提で、そのことを確信するにはわれわれは長いこと訓練を積まなくてはならない。というのは、おのずから、われわれは可能なものにしか望みをかけないし後悔もしないからである。また、不運は何らかの悪意に拠っていると想像する。すなわち、デカルト哲学は最終的に、こうした偏見は「それぞれの結果に関わっているすべての原因」[85]を知らないことから来ていると決定することになる。ダイヤモンドの身体を持ったり、あるいは…「鳥のように飛べる翼」を持ったりできないように、「病気でいるのに元気でいたいとか、刑務所に入っているのに自由になりたい」[86]などいうことが不可能なことをきわめて明瞭に理解すれば、われわれはそうしたことはもはや気にかけなくなるであろう。

しかし、「われわれは何度も幼年時代に泣きながらねだったりして、乳母を従わせて欲しいものを手に入れたりしたことを体験し、知らず知らずのうちに世界は自分のためにのみ作られており、すべてものが自分のためにあると信じ切っていたことを体験した」[87]。こうした幼児の偏見を根絶やしにして、デカルト哲学が人間中心主義を一掃（人間を気まぐれな力に服従させず、盲目的運命に従わせることもなく）するまでは、暫定的道徳はそれぞれの出来事を規定する数々の原因が分からなくて、「われわれにとってうまくいかないものすべて」[88]を絶対的に必然的なものと認識する。

これこそ、「可能的なものを蔑視しなければならないこの哲学者の決断というよりも、自画自賛し自分を欺くための虚構ではないだろうか…可能なものを不可能だと偽らずに」とポロは反論する。[89]この反論は、デカルトをして、いかなる点で暫定的道徳の第三の格率が「誰にも否定されるはずのない真理」[90]にすでに依拠しているかを規定するように導く。すなわちわれわれの認識が増大していくと、真理は撤廃されず確認されることになる。

一方で、実際、思惟には「魂のすべての作用」、すなわち、省察や意志や「他のものよりもむしろ運動において自分を決定する働き」[91]が含まれる。この哲学者の最後の探究で、情念の現象の特徴である身体との結合によって乱されながらも、魂がいかにして自己の思惟を支配しているかが規定されるであろう。

他方で、『方法序説』以来われわれの思惟だけが全面的に自分の能力の内に在ることを想起すると、デカルトは、「そのために、外的な事物はまったくわれわれの能力の内にないと言いたかったのではなく、われわれの企図の働きを妨げうるわれわれの外の力があるがために、われわれの思惟に、絶対的に全面的にではなく、従うことができる限りでしかわれわれの力の内に無いといい」[92]たかったのである。

こうした能力のうちのいくつかは拘束されない。すなわち、他者からの害悪に対してわれわれは説得を試みることしかできない。最善を尽くすということは、ここでは真理を見出して伝達し論争を終わりにすることである。デカルトは真理の普及を妨げている心理的な障害を強く意識していた。善意からする注意がなければ、明証性そのものは必要とされ得ないだろう。おそらくそれこそ大きな困難であり、これを前にするとわれわれは、自分に依存していたものすべてを行うことで満足しなくてはならない。

逆に、自然を前にして、デカルトは自然の所有を保証する学問の無限の進歩を信ずる[93]。第三の格率の適用は、それゆえ、所与の状況と相関する。すなわち、死病と見なされるような病気に打ち勝つこと、さらに大空へ飛び立つことは、しかじかの時代の、しかじかの個人には絶対に不可能であるが[94]、別の世代にはそうではない。デカルトは、「世界の秩序」[95]を何を行っても無駄であるような不変の運命と解したことはなかった[96]。つまり、「そして最後に、私に可能などんな知識も確実に獲得できると考えて、同じようにして自分の能力の範囲にある真の善を何でも獲得できると考えて一つの道を辿って行かなかったなら、自分の欲望を制御できなかったし満足することもできなかったであろう」[97]。

こうしたデカルト固有の視座によって、第三の格率のストア的なアクセントは抑制される。デカルトはこの学説が更新されていく時代の人であり、われわれに依存するものとそうでないものを区別するために、この学説から自分の定式を借り受けてきて、敬意をもってストア派の賢人[98]の優越性を想起する。しかしながら、デカルトはその誇り高い無感覚は受け入れないだろう[99]。というのは、暫定的道徳の水準においては、すべてが釣り合っているようなストア主義の体系を採用することは問題にならないからである。デカルトが、不幸を超えた高みに人間を持ち上げることができる理想の力を想起するのは、ただ精神のまったき自由をもって真理の探究に前進するためでしかないからである。

第五節

「この道徳の結論」[100]が規定するのはまさにこの点である。すなわち、哲学作品とは造っていくものであり、ルネ・デカルトの人間としての使命とはそうしたものである。夢の中で読んだアウソニウスの詩句は、この生において私はいずれの道を歩んでいくのか、と語っていた。デカルトは他の人の仕事の評価をしようとしないが、自分は「最善のもの」[101]を選んだと意識している。また、デカルトは方法を公にしてすべての人に「われわれの本性を最高の完成度に高めることができるような普遍学の計画」[102]を提起する。

暫定道徳に拠る勧告は、それゆえ、最高に完成された知恵への到達手段である。哲学は、用語においてと同時に原理においても道徳と不可分である。発見の純粋な喜びは、デカルトにとって最高の幸福である。[103]また、そこに到達するにはまったき禁欲が必要である。というのも、偏見を取り除くにはそれを強化する欠陥に打ち勝たなければならないからである。つまり、性急さ、ないししばしば悪意ある卑劣さを伴う偏見、論争そのものへの嗜好、ないし耳を閉ざす頑なさ、権威的原理の背後に偽りの謙遜をもって身を隠す知的な怠惰、ないし最も平易な知識を軽蔑し不可思議なものに浸る傲慢な新奇さの探究という欠陥にである。それらに対比して真の徳が肯定される。すなわち、誠実さ、広い寛大な心をもってすべての人が真理に接近できるようにしたいという欲望、忍耐と慎重、われわれの限界の意識と特に堅忍である。方法の諸規則は、「一度でも順守をしないことがないようにという堅い変わらぬ決心」[104]を要求する。またデカルトの道徳書簡はこの決心、堅固さ、謙遜が徳そのものであると規定するだろう。[105]

非常に多くのくだりで[106]、知性の具体的な心理学と知性を「善用」するために追求するべき努力との結合が見つかる。真理は探究の最後に到達され、方法は真理へと「前進する」ための普遍的な案内であるが、各人は、その人ごとの自己の理性の行使に責任がある。

したがって、デカルト的な知恵は時間的な展開に関わっている。そして、認識がその目的であり手段であるなら、すべての知的資源の利用は、判断のうちで行われる最良の意志と切り離すことができない。

第二章 道徳と形而上学

第一節

生涯を真理の認識に捧げようと決めても、デカルトはすべての活動を純粋な思索に使うわけではない。なぜなら、『方法序説』の第一部は多くの無益な研究を嘆いてはいるが、最終部と呼応していて、最終部はその「成果」がわれわれを「自然の主人にして所有者にさせる」「実践的」哲学への賛歌となっているからである。[107] だが、「人生においてきわめて有用な知識へ到達する」[108] には、知識は真理の客観的な実在に依拠していなくてはならない。

したがって、形而上学は第四部ではその批判的な働きのためにしか紹介されていない。すなわち、形而上学だけが土台の堅固さを確証するからである。数学の最初の研究でデカルトが心を打たれた明証でさえ、確信するには、まず虚偽の普遍化という仮説を退けなければならない。また、最も広範な人々に向けられた『方法序説』は、『省察』よりも誇張的懐疑の議論が少なくても同じ要求を表している。「われ思うゆえにわれ在り」[109] との出会いによって真の命題が何であるかが発見されるだけでなく、われわれに明証的だと思われるものが実際に明証的であるかどうかは神だけが保証するのである。すなわち、「私が今しがた規則として理解したものでさえ、つまりわれわれがきわめて明晰で判明だとみなす事柄はまったき真実であるということ自体、神が存在し、現存し、完全な存在であり、われわれの内に在るものはすべて神からやって来るという理由でのみ、確実なのである」[110]。形而上学の二重の対象である「神の認識と魂の認識」[111]は、「幾何学者の証明が以前に明晰で確実だと思われた以上に」[112]学問のモデルでもあり出発点でもある。というのも、無神論的数学者は、「自分にはきわめて明証的だと思えるものでも、欺かれていないと確信できない」[113]からである。

しかし、完全、存在、真理の同一性がひとたび神の内で確立されれば、誤謬はもはや「欠陥」、実在の不在に過ぎない。そして、判断において「明晰で判明な観念であればすべて実在的で神に由来し」[114]、観念の明証の限界を超えないように気をつけるなら、われわれは自分の存在の本質である思考を安心して展開することができる。外的事物の存在とその本性が証明されると、「われ思う」と神の誠実は、したがって、「他の真理の連鎖全体」[115]に途を開く。

それゆえ、多くのデカルトの注釈家たちは[116]、そこから形而上学は自然学への序章に過ぎないと結論を下す。ところで、哲学を象徴する木において最も完全な道徳の枝が直接つながっているのは、幹（機械論の原理に拠る自然の研究）である。デカルトが目指した知の統一によって、学問の対象をしかじかの「存在の類」に関係づけて諸学問に違いをつけるかわりに、「一つの事物の認識が他の事物の認識から生じる限り」[117]真理の順序をもって置き換えられる。しかしながら、木の根は各部の栄養を保証しており、全組織の核心に樹液を循環させるには形而上学の役割を制限することはできないであろう。

そういうわけで、神の存在と魂の霊性は、真理の基準を打ち立てるので、単に認識論的な意味を持っているだけではない。それらは固有の価値を持つ所与を反省へともたらし、それらが自然学の主題であると同時に、神学の何がしかのドグマでもあったことにはいかなる矛盾も無い[118]。したがって、それらはわれわれの行動に関心をもつ自然学と生理学の真理を同じように条件づけて、それらに固有の内容によって道徳を豊かにすることができる。なぜならば、最も完全な道徳は、「他の諸学の完全な認識」[119]を前提とするからである。だが、物体の衝突の定式やその要素の内的な違いはわれわれの本性を統御する諸法則ほどには道徳にとって意味を持たない。天使も動物もそうではないが、人間は身体が動物機械と同じ原理に支配されていて、思惟する魂によって統一されて唯一の人格を構成するからである。

魂と身体の実在的区別と、またそれらの実体結合との間でデカルト哲学の緊張からわかることは、道徳が二つの次元を引き受けなければならないことである。つまり、霊的なものと定められている魂の開花が、身体のメカニズムを支配する生命をもつ存在と均衡を取ることである。権利上、直接には人間研究が先行するが、[120] 道徳はしかしながら、哲学的反省全体の源泉に遡る。すなわち、魂と神の関係にである。

この最後のアスペクトは、往々にして第二義的と見なされてきた。というのも、デカルトは常に注意深く合理的反省と神学的思弁を区別していたし、おそらくは、無関心だという疑いがあっても神学的思弁を「崇敬」の念を持ちつつ拒否するからである。

だが、まさしくそれは、理性だけによって確立された真理の確信をいっそう強調するためである。すなわち、まったき完全なる神と身体から独立している精神の存在というのがそうした真理である。そして、デカルトがセネカの不明確さに飽いて、「人生のあらゆる行為で最善なものを見分ける知性を鍛える方法」[121] について自分の見解を述べるさい、「最もわれわれに有益で」「一般にわれわれのすべての行為にかかわる」[122] 真理の中で、そうした真理がまず第一に肯定されるのである。

第二節

ところで、「第一のまた主となるものは、神が存在しすべてのものが神に依存しており、神の完全さは無限であり、神の力は広大無辺であり、その決定は無謬であることである」。[123] 無限性、完全さによる神の存在証明は、他の真理全体を基礎づけるだけでなく、さらに暫定的道徳の第三の格率を規定している。神の決定の無謬性は予見不能な「運命」[124]という観念を昔から除き去ってきた。神の全能についての反省は、われわれの欲望を統御することによって、第一義的な役割を十分担っている。というのも「道徳の主たる有用性はそうした点から成り立っている」[125]からである。『情念論』の第二部の最後で展開されている内容がそれにあたる。「われわれはしばしば『神の摂理』について反省しなければならないし、いかなるものもこの摂理による永遠の定めと異なる仕方では生じえないことを思い起こさなくてはならない。したがって、摂理は宿命ないし不動の必然性であり、われわれの悟性の誤りからしか生れない怪物として偶然の運命を打破し、これに対置しなければならない」。[126] きまぐれな運命への信奉は、われわれが弄ばれることになる一種の悪霊を抱え込むことであるが、『省察』はこうした仮説を、われわれの起源を「偶然」[127]とすることと同じく拒否したのであった。だが、神の意図の不変性が「運命として」[128]働くならば、われわれに生ずるものすべてを「はっきりと」[129]われわれに送り届けてくれる善良の存在者の意志は、非人称的な必然性の観念に取って代わる。[130]そして、われわれの喜びはわれわれの応え方に依存する。

ところで、このテーゼはその結果からして非常に重要であり、デカルトの形而上学の二つの特徴的な点に根を持っている。

すなわち、実際、一方で第三省察が証示したように、神がわれわれを創造したのと同じ働きによって被造物を存在において連続的に保持するのでなければ、われわれのような不完全な被造物は一瞬間たりとも存続することはできないであろう。[131]「神は万物の普遍的原因であり、同じように、万物の全体的な原因であります。またこのように、何物も神の意志なくしては生じません」。[132]そして、信仰が恩寵による超自然的な至福への上昇についてわれわれに教えてくれるものを別にして、「人間の精神の中に入ることができるどんな些細な思考も神がそう欲し、また永遠の昔からそう欲してきたからだということは、哲学だけからも充分認識される」。[133]

しかし他方で、第四省察では人間のうちに永遠の自由が、その自由によって「主として……私は神の似像と似姿を持つ」[134]ことが見出された。この人格的道徳における自由意志の中心的な役割に結論を下すのではなく、[135]それゆえ、いかにしてこうした主題が一致するのかを規定する必要がある。

というのも、デカルトの文通相手がつぎのように反対したからである。つまり、人間が自由であるならば、「人間がその存在において自由であるのと同じようにその作用において」[136]神に依存するわけではありません。だが、デカルトはこう主張する。「われわれが自分の内に経験する独立性は、われわれの行為を称賛ないし非難すべきものとするのに十分ですが、万物は神に従うという別の本性である依存性とは両立しないわけではありません」[137]。そして、エリザベトの強調を前にして[138]（一一月三〇日）、デカルトは神の無限の力と予知を引き合いに出す。「神はわれわれの内に意志の全傾向をしつらえ」、「われわれの外にある他のすべての物を配置し、しかじかの対象がわれわれの感覚にしかじかの時に現れるようにして、それを契機にわれわれの自由意志がしかじかの物へとわれわれを定めることを知っていたのですから」、神は「われわれの意思の全傾向」をあらかじめ知ることができるのです。「また神はそのようにあることを欲しましたが、しかしそうだからといってそれを意志に強制はしなかったのです」[139]。

この困難は伝統的なもので、その答えもまた伝統的なものであり[140]われわれの知性の限界の背後に隠れている。つまり、われわれは明晰に知るものを肯定しなければならない。すなわち、神の全能と未決定の自由である[141]。だが、神への人間の全面的な存在論的依存は、各瞬間をその永遠性が無限にわれわれを超える創造の働きの反映だとするならば、われわれの選択として示されるのはしかじかの出来事にさいしての状況の時間的存在者としてのわれわれの水準においてである。

それゆえ、われわれの自由の行使は道徳的意味をもっている。デカルトがいうには、われわれは、真実を選ばないわけにいかない場合よりも、真実を進んで選ぶ場合にいっそう大きな完全さを持つ。[142]拒否の可能性はわれわれの偉大さを作り出す。なぜなら、それだけが同意を称賛に値するものにするからである。[143]悪をなすことができて――そしてそれをなさなかったものが幸せである、とシラ書はすでに述べている。

第三節

そういうわけで神の決定を不変性と見ることは、われわれの心を安らかに保つのに実践的な規則よりもはるかに優れている。スウェーデンの女王に神への愛について問われたときよりはるか以前に、デカルトはその愛がいかに困難を取り払ってくれるかを自ら示している。つまり、人間は神への愛を強制としてはもはや体験せず、自己の意志を神の意志と結びつけて十全な自由を見いだす。デカルトは、「われわれが自分の精神を高めてその対象をあるがままに考察すれば、自然にそれを愛するようになり、われわれが苦しみを受け取るように神の意志が働いていると考えて苦悩から喜びさえ引き出すのです」[144]と語る。

そして、シャニュを介してのクリスティナ宛書簡は（一六四七年二月一日）、『情念論』の愛の分析と同じように[145]こうした言い表しを続ける。というのも、愛は「同意」であり、「全体」[146]を作るための他者との意志の合致であるからである。われわれの狭小さと神の大いさとの出会いは献身の極限の場合であり、人は常に、そこでは偉大な存在と共に作る全体の中のごく小さな一部は捨てようとする。「その主たる対象は疑いもなく至高の神であり、正しく認識するときにはわれわれは必ず神に献身的であらざるをえないでしょう」[147]、とデカルトは語る。

それゆえ、神を愛するためには、最高の完全者としての神へとわれわれの精神を高めなくてはならない。一六四五年九月一五日の手紙がすでにそのことを語っていた。また、それこそ第三の形而上学的省察の対象である。したがって、デカルトはクリスティナに答えて、この愛は「自然の光だけ」[148]に基づいており、「われわれは他の対象の現前によって絶えず気持ちを引き離されるので、非常に注意深い省察」[149]を要求すると語る。感官から精神をそらせて純粋な思惟を行使することは、神秘家の苦行に似た役割を果たし、神を前にした哲学者たちの知的な喜びは、デカルトに超自然的な至福を用意する。「なぜならば、来生の最高の浄福は神の荘厳の観想にしかないことを信仰は教えてくれるが、これと比べればはるかに不完全であっても、同じような瞑想によってこの世で感じ取ることのできる最大の満足が享受されることを、現在においてもわれわれは経験するからである」[150]。

したがって、真の認識は愛と喜びの源泉である。だが、神の意志との緊密な一体化から生まれる魂の平穏に達するには、「きわめて大きな誤り」[151]は避けねばならない。そして、デカルト哲学はここで再び伝統的な概念に対して非常に独創的な諸要素を組み入れる。神の自然な愛は、神とわれわれの間のある種の共同性の可能性を前提とする。創造主と被造物を隔てる無限の距離にもかかわらず、「神は精神である」[152]がゆえに人は神と何らかの類似性を持つ。また、デカルトにとって霊性は自由と切り離しえない。われわれの自由意志は、限りなく大きいためこの類似の主たる徴であるのに対して、われわれの知性が神の知性の発出のようなものであるにしても、[153]知性は厳格な境界の内に閉ざされたままである。[154]また、「自由意志はある意味でわれわれを神に似せており、これによってわれわれが神への従属から免れているかのようである」[155]。

神の愛を受容したり拒否したりする能力によって、人間の自由は一つの絶対として示される。そして、デカルトは誘惑の拡がりを的確に見て取っていた。われわれの知識は少しずつ無限に増大するがゆえに、「法外にも自分が神であることを望むようになりうるし、こうしてきわめて大きな過ちによって神を愛さないで神性だけを愛するようになりかねないのである」[156]。

だが、第三省察では、われわれの知識が「徐々に」[157]に増大していって「より善き物、より大きなもの」[158]への願望がわれわれの現実の不完全さと結びついていることが明らかになる。つまり、現実態としての無限な神だけがわれわれの内にこうした観念を据え置くことができるのである。また、そこから発見されるのは、常にできあがっている完全な全体と限りない進歩[159]との対立である。神における選択の無関心が、知性と不可分である知恵の超越を示すのに対して、善と悪の間での我々の躊躇は、それゆえ、認識の欠陥から生まれてくる。つまり、善は神がそれを立てる限り善であり、その逆もまた成り立つ。

J・P・サルトルは、デカルトのこの永遠真理の創造の理論を真理全体の源泉である自分自身の絶対的自由の概念に関係づけた。だが、「教義を重んじる学者で良きキリスト者」であるデカルトは、それを人間に引き受けさせずに、神の内に昇華させ移し替えたのである。[160]

事実、デカルトは、真理と善を自由に決定する神の全能と、「神によって立てられ決められた真理と善の本性をすでに見出している」[161]人間の有限さとの隔たりの大きさを、十分に意識している。神の偉大さの省察は、デカルトの作品において輝いており、「それらを理解する人間をこの上なき喜びで満たし、そうした人間は神の地位を占めたいというまでに神に侮辱的で不遜になるどころか、神が人間にそうした認識に達する恩寵を与えてくれたことですでに十分に生きたと考える。また、みずからの意志によって自己を神と全面的に結合することによって、神を完全に愛するので、神の意志が実現される以外にもはやこの世界では何も望まない」。[162] 不幸、苦悩、死そのものでさえ正しく必然的なものと見なされ、他のありようを求めるわれわれの内なる望みを打ち砕く。魂はこうして、それぞれの出来事への同意によって自らの休息を見出す。それが神の意志であるのだから、われわれはそれで充分である。また、絶対的完全を前にしたわれわれの存在の服従として、道徳的決定全体と形而上学との結合が肯定されるのである。

第四節[163]

諸々の価値も神によって一度自由に決定されると、それが神の叡智から必然的に発出するかのように不動である。つまり、「永遠真理」[164]という表現は、デカルトにとってその「創造」と同じである。なぜならば、意見を変えることは無能を意味し、そのことはまた誤る意志と同様に神の完全と両立しないからである。神の善性ないし不変性と同様、誠実はそれゆえ無償の決定に依拠するのではない。そして、デカルトがこの点についてほとんど説明していないにもかかわらず、いくつかの存在論的明証が、それ固有の必然性をもって、神の誠実の発見以前にやはりわれわれの理性に課せられる（というのも、その存在論的明証は証明の内に入ってくるからである）。

存在の度合いと完全さとの伝統的な同一視はそうしたものである[165]。そこから、物体に関する精神の優位が生じ、それが道徳の第二の根本的な真理に入ってくる[166]。すなわち、「われわれの魂は、…身体よりもはるかに高貴である」[167]。

だが、本質を瞑想することはすべての形而上学的道徳にとって価値のヒエラルキーの源泉そのものであるが、デカルトはそこから全体系を演繹することはできない。神の完全という超越がデカルトにそれを禁じる。永遠真理は、われわれに「与えられている」。そのアプリオリな正当化を探究することは、「神の顧問である」[169]と主張する「理不尽な思い上がり」[170]の結果となろう。

しかしながら、このことはいかなる経験論をも意味するものではない。デカルトがしばしば典拠とする数学の例[171]がよく示しているように、紙に描かれた図形は近似的なものであり、「三角形の真の観念」ないし「われわれの内にすでにあった」他のすべての幾何学的図形の「真の観念」をただ喚起するに過ぎない。[172]永遠真理は、それゆえ、「本有的」で神によって「自然の内に」[173]描かれていると同時に、われわれの精神の内に置かれている。つまり、これによって学問の客観性が保証され、同様にまた道徳の普遍的な規則が保証される。

「自然によって人間の精神の内に置かれた真理の最初の種子は…素朴で単純な古代にあっては強い力を持っていたので、どうしてそうなのかは知らなくとも、同じ精神の光によって実益よりも徳の方を大事にすべきであると見なす、また古代人は哲学や数学の真理のいくつかの観念を知ってもいた」[174]。

こうした最初の直感は後の反省によって正当化され、その正確さを保証するすべての結合の体系的な秩序化に則って基礎づけられる。しかし、新しい基礎から批判的な姿勢が出てくる場合、別の意味でそれによって練り上げられる内容と、人間が洞察することを可能にしてくれる自然の光が常にもっている内容との間には連続性がある。そういうわけで知恵の第五段階は先立つ四つの段階と異なる。この段階では、「われわれが知ることのできるすべてのものの根拠が導き出されるような真の原理と第一原因」[175]が探究され、これこそ第五の段階を「比較にならないくらい…はるかに確実なものたらしめる」。この厳格な体系化が道徳とどう関わるかについてはデカルトはまったく文書にしていなかったので、われわれはデカルトの「決定的道徳」を知っていると主張することはできない。しかしながら、断片的であれ書簡の指示内容には、第一原因による説明への関心が表れており、こうした企てと十分に結びついている。

したがって、特殊な規則が、「それ自体あまりにも明晰で省察なしで獲得できるよう概念」[176]に準拠しているように見える点はあまり重要でない。というのも、知恵の第一の段階はすでにあまねく本有的な概念を包括しており、デカルトの著作はそれらの概念を規定したり整理したりしなければならないからである。それゆえ、道徳はまさに「われわれが願望したり恐れたりすることすべての正しい価値が何であるか」[177]を検討することから始めなければならないであろう。しかし、完全さの存在論的ヒエラルキーはこうした普遍的な所与への反省と調和する。「幸福になろうと望まないものはいない」[178]からである。

価値と幸福の結合を是認することで、デカルトは古代の幸福主義者の継承者となる。[179]これには、しかしながら、非常に漠とした諸学説の基礎を規定し、ペリパトス学派やストア派やエピキュロス派の間の、デカルトによれば、表面的な多様さを超えるための努力を伴う。[180]物質的な善には確かにその値打ちがある。また情念のデカルト的な復権がいかにアリストテレス的なこうしたテーゼを立証するものであるかも分かろう。[181]だが、そうした善は各人の意のままにならないので、すべての人に開かれるような幸福を定めることはできない。ストア派は、われわれの力が及ぶのは思惟の支配だけであり、それによって徳が形作られるのだとよく分かっていた。だが、彼らは「あまりにも厳しい、またあまりにも快楽」を嫌悪する徳を誤って作ってしまった。至福は徳によって獲得されると規定することは、徳だけで満足していたストア派とすべての道徳性を快楽の追求に従わせるエピクロス派との調停を可能にする。[182]

「不安、悲嘆、悔恨を伴って持続するような誤った快楽」に対して、徳から生まれる「精神の満足」が[183]勝っているのは、それゆえ、現状をそのまま認めることであろうか。反省は、自然的衝動と本有観念とを分離することから始まる。自然的衝動は、「本当にあるよりずっと大きな善をわれわれに示しそれを求めたくなるようにする」[184]し、本有観念はわれわれの善のこうした「真理」を打ち立てる。なぜなら、「われわれがより満足した精神をもつのは、かならずしも最大の楽しみがある時ではない」[185]からである。最高善の決定が経験的な計算だけの結果であれば、われわれは酩酊やたばこによって紛らわしながらであっても、「どんな代償を払っても自分を楽しませる」はずであろう。[186]だが、「われわれに不利益であっても真理を知ることは知らないことよりいっそう大きな完全さであると見て、私はより少なく陽気であったほうが、またいっそう多くの認識を持ったほうが良いと認める」。[187]

第五節

ところで、「魂が身体なしで存在する限り、また身体よりはるかに高貴でこの生においてまったく存在しない限りない満足を享受することができる限り、認識しなければならない第二の事柄はわれわれの魂の本性である」[188]。精神の存在論的完成は、身体の喜びに勝る認識の喜びを正当化する。また永遠の至福という視座がわれわれに保証してくれるのは、この人生における平和である。「なぜなら、それはわれわれに死を恐れさせないし、この世の事柄からわれわれの執着を引き離してくれるので、われわれは運命の力によるものを軽蔑をもってしか見ないからである」[189]。

デカルトは、われわれが偶然的なものを把握せずに、第一の真理の結実と結合しているこの最終的なアスペクトだけをここでは引き出している。にもかかわらず、情念の幻惑の知的で純粋な感情の可能性は、デカルト的道徳にあってはさして重要ではない。デカルトの道徳は、彼が望んだ不死性に「来生」[190]の熱情を与えているだけでない。さらに、第二の生そのものにおいて、「誤った想像力」[191]の威信を取り払う。次の手紙ではデカルトは、「ありふれた一過的な」物と「認識の大きな喜び」[192]とを対置させてこう説明する。「しかしながら、そこから生ずるすべての喜びは魂の表面にしかかかわらず、魂はそれが誤りであると気づいて内的な苦痛を感じるのです」。[193]そして、『情念論』は、いかにしてこの真の価値の転換が整然となされうるかを示すことになる。幻の喜びが深い悲しみで彩られているなら、反対にわれわれの感覚的悲嘆や涙にさえ、その力を「些かも弱めないまま」魂の「深奥の密やかな喜び」[194]が伴いうる。

しかし、こうした具体的な分析は形而上学的な思弁がもたらすものによって条件づけられている。『省察』は、実際、二重の対象をもっている。すなわち、『省察』は神の存在の後で身体と魂の区別を打ち立て、そこから不死性が生ずる。[195]

実際、『省察』の要約が説明しているように、この実在的区別によって不可分な魂は身体の分解から逃れることが可能になる。したがって、「人間の精神ないし魂は…その本性上不死である」。[196]しかしながら、その完全な証明は理性によっては与えられない。「人間の魂は自分が結び付いている身体が壊れると同時に存在することを停止するように、神がその絶対的力によって定めておかなかったのだろうかと問うならば、それに答えるのは神だけである」。[197]それゆえ、哲学的思弁によって信仰の基礎だけが打ち立てられる。[198]そして、神が「そうはならないことを今われわれに啓示したのだから、それについてはいかなる疑問も残っていないはずである」。[199]

こうした来生の様態はやはり啓示に依存しており、デカルトは「ただ自然的理性によって」「すばらしい希望」[200]に満足するだけである。なぜならば、「この人生の後、有徳な人として生活した人に悪を恐れさせるようないかなる理性もいかなる宗教もない」からであり、「反対にどちらも彼らに喜びや報酬を約束する」[201]からである。これはおそらく慰めの手紙であろうが、その兄の死に対して一人の友に寄せられた別の手紙では、慣用的な形式を越えてきわめて個人的な調子が溢れている。近親者の喪失は痛切な感情を伴うものであるが、デカルトは言う、「生を最も愛する人々のうちに自分が数え入れられているにもかかわらず、愛していた者の死を私がじっと耐えるためだけでなく、やはりまた自分の死を恐れないための非常に強い」救済策を「見出しました」。[202]「それはわれわれの魂の本性の考察にあります。私がきわめて明晰に知っていると考える魂は、身体以上に持続し、われわれがこの世界で享受するものよりはるかに大きな喜びや祝福のために生まれてくるのです。死者がわれわれの生よりもずっと甘美で静穏な世界に行くのでなければ、また過去の追憶によっていつの日にか彼らを見出すのでなければ、死んでいく者に関しては何も考えられません。なぜならば、間違いなく身体とは独立の知的な記憶がわれわれの内に認められるからであります」。[203]

このテキストの静かな確信として、この生への最も生き生きとした愛と死の平穏な受容が不死の希望によって[204]調和されていることが分かるであろう。ところで、これこそデカルトの姿勢の特徴である。一六三九年以来、デカルトはメルセンヌにこう主張していた。「私の道徳の焦点の一つは、死を恐れず生を愛することである」[205]と。また、これは現在の医学が恐怖を取り払うことができないことへの一種の報酬になっているとシャニュに述べる。これよりもはるか以前に[206]『方法序説』は、学問の進歩はわれわれから「精神や身体の数えきれないくらい多くの病気を、おそらくまた老衰をも取り除いてくれるだろう」[207]と公衆に宣言していた。その年に、デカルトは手紙でこう告白していた。「この世で生きている時間は永遠と比べればごくわずかであり、われわれは何年早く死ぬか遅く死ぬかにそれほど関心を寄せるべきでない」。[208]

　デカルト哲学は、それゆえ、形而上学においても道徳においても、魂の霊性によって確信される不死の考察と、この人生に多くの幸福感を与えてくれる精神と身体の結合を長く存続させたいという願望との間で常に緊張している。[209]感覚からの離脱によって純粋な思考による神への上昇が可能になるが、それは方法論的な一階梯にすぎず、人は「想像力や感官の諸機能にかかわらず」[210]に神や魂の省察に没頭することはできないであろう。それゆえ、いく人かのキリスト教思想家は、命が長くなるという希望の──この世界であるいは別の世界で──「地上での」という強調に驚いていた。[211]それ自体として「神は最高の善である」ことが「明白」であるにしても、デカルトはそうした神を厳密に理性的な次元でわれわれに結びつけることを拒否する。というのも、「超自然的至福」[212]が神をわれわれにとっての最大の善にするのだと教えるのは信仰だけだからである。[213]

デカルトのパースペクティブにおける不死の重要性を過少評価しなければ、それゆえ、不死の倫理的働きよって、偶発事への懸念を一掃し、大きな不幸から立ち直って、わけても現在のこの生を平穏に享受できるようになることがわかる。デカルトの楽天主義は、われわれに死にたいと思わせるほどの現在の苦しみの救済として未来の幸福を示すわけではない。「同じ自然的理性」が永遠の至福について「われわれに有益な多くのことを推測」し、「この世には悪よりもっと多くの善が常にあると教えてくれる」[214]と、デカルトは考えている。

第六節

道徳は、それゆえ、なによりもまずわれわれが生きていかなければならないこの世界にわれわれを差し向ける。

おそらく、先立つ二つの真理と同じく、一六四五年九月一五日に述べられる第三の根本真理によって、「この大地がわれわれの主たる住まいであり、この生が最良のものであると考える」ことを否定することで、「際限のない虚しい不安と不満」[215]からわれわれは救出される。この真理によって、実際、形而上学はデカルト的自然学の助けによって拡大され「宇宙の広大さ」[216]が持ち出される。[217]

天文学の新たな進歩によって、世界についてのスコラ的な概念は破壊されてしまっていた。若きデカルトが、ラ・フレーシュのジェズイットの学院で天文学の勉強をしていたさいに、学院のデカルトの先生たちは、最初の望遠鏡（一六一一）によるガリレオの木星の衛星の発見を祝福していた。また、デカルトがその全自然学に護教的な意図を込めていたと見なくとも、[218]科学の発展がいかに宗教と合致するかを示すさいのデカルトの誠実さを問題にするまでもない。なぜなら、コペルニクス革命としだいに広がっていく天空の発見は、神の諸作品の偉大さを顕にして神へのわれわれの愛を増大させるからである。それはちょうど、神の力を制限せずにすべての被造物を「一つの球体」に封じて「世界が有限なことを望む人々がしているのと同じである」。[219]

しかしながら、愛についての手紙の付随的な指摘でスウェーデンのクリスティナは、キリスト教とは相入れない世界の延長的無限に異を唱える。[220]そこでデカルトは、宇宙はただ単に無限であると、つまりわれわれの悟性は宇宙に限界を割り振ることができないが、このことは神が保有する積極的な無限とは拮抗しないと規定する。逆に、「きわめて偉大な神の作品を思い抱かせることは、神を尊ぶことである」。[221] 人間中心主義だけがそうした点に堪えるものである。だが、エリザベトへの手紙では、すでに、「われわれのすべての天体はこの地球に役立つためにしか作られていない」とする先入見の破壊と「宇宙の延長という広大な観念」[222] とが結び付いていた。「受肉の神秘」でさえ、「また神が人のためになした他の諸々の特典も」、「神が他の無数の被造物にいっそう大きな無数の他の特典を施すこと」[223] を妨げはしないと、デカルトはクリスティナに説明する。

というのも、「…無際限の世界の知的被造物すべてに存在しうる善は、われわれが所有する善をより小さなものにはしない。逆に、われわれが神を愛し、神が創造したすべての諸物と神を通して意志的に結びつくとき、それらをいっそう偉大な、いっそう高貴な、いっそう完全なものと考えれば、われわれはより完全な全体の一部であるのだから、それだけ自分をもっと高く評価する。また神の諸作品の広大無辺のゆえに、われわれには神を讃える理由がいっそうある」[224] からである。

この最後のテキストは、一六四五年九月一五日の手紙の三つの基本的な一般的原初的真理を完全に結び合わせる。つまり、体系の要である神は、われわれが認識して発見するものに自由意志によって同意する能力を与えたのだから、人間の偉大さの源泉である。また、神の諸作品の巨大さを前にしてわれわれの卑小さを意識することによって、デカルトが感覚するのは激しい恐怖[225] ではなくやはり愛である。最も厳格なメカニズムに支配されている自然は、目的論的などんなアニミスムからも脱却する。天はそれでもなお神の栄光を歌う。ただ、それを瞑想する人間の声によってである。[227] こうして、われわれの認識の進歩によって神へのわれわれの愛にいっそう正当な基礎が与えられる。すべてわれわれに与えられるべきだという幼稚な幻想から解放されて、[227] われわれは、神によって自然の内に立てられた法則の不変性をまったき厳粛さをもって受け入れる、わけても形態上「容易に滅んでしまう」[228] われわれの身体の脆弱さを。

第七節

しかし、神の諸作品を正当に評価しその源泉を讃えることで、われわれはまた、それらの本質的な価値を発見する。創造者と霊的共同体に入ることがわれわれの自由によって可能となるなら、われわれが創造された宇宙の一部であるのは自己の全存在によってであり、この世界へのデカルトの愛着は留保なく示される。すなわち、「悪や苦悩は神の摂理からやって来るのだから、もし彼がそれらを拒まないとすれば、この生で享受できる正当な善や楽しみ（快感、快楽）もすべてまた神の摂理からくるのだから、彼はやはりそれらを拒否することはない」[229]。

デカルトの価値論においては、それにもかかわらず摂理の意図は論じられずに、自己と世界とを評価する根拠は、それゆえ、神の内に見出される。最も高い段階の形而上学的省察によって感覚から暫定的にわれわれが引き離されるのは、偏見を排除し、科学によって具体的なものへのわれわれの支配を確実にするためでしかない。魂の非物質性とその快を別々に反省することは、情念を統御し死への恐怖を一掃し、純粋な精神でない存在の内的調和を保つのに役立つ。

神の存在から外的世界の存在へと暫定的に移行した後、第六省察でデカルトが実際に示しているのは、われわれの魂が特定の身体と緊密に結合していて身体は魂と一つの全体をなしているがために、われわれの感覚的なものの認識がいかに混然たるものになるかである。一六四五年九月一五日の手紙の終わり近くでその帰結が言及される。すなわち、情念の感化力、身体の快の魅力が、また明晰な反省によって明らかにされるべく求められる。これらの真理は、「いっそう特殊的に」われわれの行為の具体的な詳細にかかわっている[230]。というのも、われわれの行動全体を支配する一般的真理のつぎにデカルト哲学が目指すものは、「人間の本性の特殊な認識」[231]であり、また各々の状況の特殊性である。こうしてエリザベトとの手紙のやりとりを通してデカルトは、「道徳の特殊な問題」[232]の一つとして情念論を提示するように導かれる。

だが、こうした付随的な概念の豊かさについては別の検討になるが、九月一五日の手紙では第四の一般的真理がそれらの概念にやはり先立っているので、こうした真理の認識は「きわめて有用である」。すなわち、われわれの魂が自由によって神と交わるならば、魂が身体と共に唯一の人格を構成し、それをきわめて特殊な愛によって保とうとするならば、魂はやはり「宇宙の一部で、さらにまたより詳しく言えばやはりこの地球の一部」[233]である。そこから、この世界のすべての善とのその結合が生じ、そして「この国の、この社会の、この家族の一部で、そこでは自分の住居や誓いや生まれによってわれわれはそれとつながっている」[234]。

個人の社会への組み入れは、このように、デカルトによって偶然的な歴史性と共に立てられている。そういうわけで、「どこまでそれに従うべきかを知るために行うわれわれが生活している所の風習」[235]の検討は、道徳の探究が次第に具体的なものに向かうのだから情念の研究の後で報告される。

しかしながら、「神の善性、われわれの魂の不死、宇宙の広大さ」[236]と同じくこの第四の真理はやはり根本的である。すなわち、その細部においては偶然的であってもわれわれのしかじかの社会への関わりは不可避である。「われわれは一人では生きてゆけないであろう[237]から。

ところで、デカルトはそれが事実の確証であるのか形而上学的な原理であるのか規定していない。

思惟する私の存在をただ一人で存在できるものとしてまずは発見するのだから、われわれはデカルトの道徳の展開を、個人主義者すなわち懐疑主義者と見なすことができた。省察の進展が示しているのは、しかしながら、この有限で個人的な自己は神によってしか存在できないことである。だが、他者の考慮はここでは反省のためのいかなる手段にも属さない。すなわち、「私がそこから自分の生を受けていると思える」[238]両親や先祖の鎖を辿ることは、問題を無用に複雑にするだろう。私の存在の現在の各瞬間に、神は私を創造したとおりに保持するのであるから。

だが、身体の存在の確信をいったん基礎づけると、デカルトは、身体のうちのある身体がデカルトの精神に似た精神と結びついていることを証明する必要は感じない。デカルトは、自然なかたちで、自分なりにコギトの体験を再体験することができる読者に語りかける。すべての「われ」は理性の同じ光の内で結びついており、単数の第一人称で書かれている『省察』は、われわれの本性の限界を想起して遂行されている。

ところで、この問題は『省察』では隠されており、デカルトの道徳論の中にその展開が見出される。分けても『情念論』の最終部が与える規定が、エリザベトとの文通の第一の要点を明らかにしている。すなわち、社会的生活が実際に必要であるなら、その均衡を維持する義務は、各人の尊厳をなす自由の一致に基づく。

その分析の独自性によって、高邁の分析は特別の研究価値をもっている。だが、九月一五日の手紙にある道徳の思弁的基礎の最初の素描としてデカルトが描いた順序を、この特権的な情念とその他の情念との関係によってここで転倒することが正当化される。

この哲学者の他の著作のテーマすべてを取り上げ直せば、そこからこの重要性が十分に引き出される。すなわち、魂の生は、神と世界と他者とわれわれ自身の身体との結合である。そしてわれわれの行動の調和は、どの要素も軽視せずにそうした多様な要素間に反省が立てる秩序に依存している。

第三章　心身の結合と情念の制御

第一節

知恵という語は、青年期のテキストでしばしば使用され、一六四七年に再び取り上げられ、「単に処世の才知だけでなく生活の行動や健康の維持や他のあらゆる技術を作るために人が知ることのできる事柄すべての完全な知識」[239]を表す。知の完成は、「三つの主要な」枝が「医学、機械学、道徳」にあたる木からデカルトが摘み取ることのできるえも言われぬ果実として示される。[240]

ところで、ときに『方法序説』は『哲学原理』と関連づけられるが、[241]十年前の『方法序説』の有名なくだりで、デカルトは自己の哲学の実り豊かな応用を称賛して、一般の人々の関心を学問的な探究によって得られる経験に向けようとしていた。すなわち、「すべての…物体の…力や作用を知ることで…適切なかたちで…それらを用いることができるであろう…そうしてわれわれを自然の主人であり所有者たらしめること。このことは、何の苦労もなく大地の果実を享受し、そこにあるすべての便宜を享受するようにさせる無数の技術の発明のために望まれるだけでなく、健康は、疑いもなく第一の財産でありこの人生のすべての財産の基礎であるから、おもに健康の維持のためにも望ましい。精神ですら気質や身体の器官の傾向に強く依存しているのだから、これまで以上に賢明でかつ有能な人間にする何らかの手段を見つけることができるとすれば、医学においてそれを探究しなければならないだろう」[242]。

知恵という用語は『方法序説』には出てこない[243]。またデカルトはそこでは、「生き方」[244]の統御を否定する。それにもかかわらず、人間を「いっそう賢明」[245]にする手段は、精神が身体に密接に依存している関係上、全面的に医学に属しているように思われる。なぜならば、第四部で形而上学的な次のような結論、「私は私があるところのものであるのは魂によってであり、まったく身体とは異なる」[246]ことを想起させた後、「魂が水先案内人のように人間の身体の内に住まっているだけでは十分でない。恐らく手足を動かすためではなく…それ以外に、われわれのように感情や欲求を持ち、こうして真の人間を形作るためには魂が身体とより緊密に結び合わされている必要がある」[247]と、補足していたからである。

心身結合は、それゆえ、この時代以降、行為と情念という二重の性格を伴って定立された。そして、デカルトはその研究を深化させることになる。だが、一六三七年と一六四七年の間にデカルトは、『方法序説』の説明がもつ一面的で、したがって未完成な所を訂正する。健康は現世の他の諸々の善、常にその正当な価値と見なされる善の享受の基であるなら、エリザベト宛書簡と情念の研究は、情念を善く用いるにはわれわれの内面の平衡もまたどれほど要求されるかを示すであろう。おそらく、暫定的道徳の第三の格率いらい、欲望の統御は、われわれの実際上の限界によって、来るべき学問におかれるこうした希望と均衡を取るだろう。その学問を完成するには、「多くの人の生涯と仕事」[248]が必要になることを誤りなく認識したうえで、しかしながら、デカルトは、「身体や精神の無数の病気、恐らくまた…老衰」[249]をも克服する将来の可能性に大きな信頼を寄せていた。

ところで、この点についてデカルト自身は失望したと語った。つまり、道徳固有の反省は医学的探究よりデカルトを「いっそう容易に」[250]満足させたからである。デカルトは、医学の探究に「それにもかかわらずいっそう多くの時間を充てた」[251]。彼は言う、「こうして生命を維持する手段を見いだす代わりに、ずっと容易にもっと確実に私は他の手段を見いだしました。それは死を恐れないことです[252]」。

その場合代わりとなるものは重要でない。なぜなら、情念の小論を告げ知らせるこの「うちあけ話」[253]には、つぎのことが付け加えられているからである。「私が獲得しようとした自然学の概念は、そのまま道徳の確かな基礎を樹立するのに大いに役に立ったからである」[254]。それゆえ、まさにそれは、『哲学原理』の序文で目指した道徳と同じ見方で、「他の諸学問の完全な知識」[255]を前提とする。

『方法序説』の直線的な図式は、それゆえ、三つの枝に分かれ、これらの枝はその目的によって独立しているが、そのうちの機械学と医学はまた、他のすべての学問と同じく最も高尚な学問である道徳に従属する。「こうした原理から演繹できる真理を演繹してしまうまでに数世紀が流れうるであろう」[256]としだいに気づきながら、デカルトは技術の進歩によって人間の条件を改善することも[257]、科学的な医学によってわれわれの命を延ばすことも[258]断念はしない。なぜなら、道徳的態度全体の条件である判断の自由が働くには、最小限の福祉が必要であるから[259]。そして、われわれの能力を十全に開花させて、人生のあらゆる利便を享受し、この地上での命を最大限に伸ばすことが常にめざされる。だが、われわれは、「自分の身体を保存するだけの野性動物」[260]のようなものではない。感覚的善に最も執着した者は、自分がその本性を知らない「なんらかの他のいっそう大きな善」[261]の願望を漠たる形で体験する。ところで「人間は主要な部分が精神であり、その真の糧であるはずの知恵の探究をもっぱら配慮する」[262]。

「人間の生命の最高の善はこの最高度の知恵から成り立っている」[263]が、この知恵は、それゆえ、自然学のさまざまな枝の技術的応用には還元されえないであろう。形而上学は、魂がわれわれの「主要な部分」[264]であることを確立し、また認識の純粋な喜びで魂を養う。「われわれの素行を統御する」[265]ための哲学の有用性に知的瞑想の楽しみが加わる[266]のである。

心理―生理学的な実践的結論とこの道徳との混同を避けるには、最も高尚な道徳のこうした特徴が精神に現前していなければならない。『情念論』はこの人生でわれわれを導く仕方について、デカルトが完成した唯一の作品であるから、彼が単に特殊な点を論じているに過ぎないことをときに忘れてしまいそうになるかもしれない[267]。

感情現象の統御は、その思弁的意味と同じく、（われわれの具体的な幸福を保証する）その直接的利益のためにも、最も重要である。情念の詳細な研究によって、心身のそれぞれの属性をまず初めにいっそう適切に区別しようと注意することで、心身結合の神秘的な事実の様態を明確にできる[268]。デカルトとエリザベト王女との文通のおかげで、純粋な反省はここで具体的な経験で充実したものとなっている。

第二節

事実、「いっそう詳細にこうした情念」[269]を検討するようデカルトを導いたのは、エリザベトの懇請である。身体の不調がどれほど魂の苦悩と結び付いているかを、デカルトに示したのもエリザベトである。というのは、形而上学の才にも数学の才にも恵まれていたこの若き女性は[270]、自分の不幸によって感情が惑乱し苦しんでいたからである。彼女の家族[271]はラ・エで流刑生活を送っていた。一六四三年〜一六四六年の間、デカルトは何度か彼女に会いにそこへ行った。したがって会話が手紙を補っていた。一六四五年一二月、彼女は、良心の要求からというより「この時代の思慮」に感化された兄エドワルドのカトリックへの改宗に仰天した[272]。彼女の先立つすべての不幸以上にこの「狂気」が「彼女の身体の健康を乱し、魂の平穏を乱した」[273]。しかもそれが最後ではなかった。一六四六年一月にもう一人の兄フィリップが白昼十数人の警官と共に妹のルイーズの恋人を殺し、エリザベトがその扇動者であるという噂が流れた[274]。スキャンダルを前にして、母は叔母のブランデンブルクの選帝侯の所にエリザベトを数カ月の間送った。だがこの別離は数年続き、そして公女はもはやデカルトに再会することはなかった。

デカルトの訪問からエリザベトのドイツへの出発まで交わされた書簡が、特に一定の問題にかかわっているのに対して、このときの文通は、多くの日常生活の些細な出来事に関係している。デカルトが逝去する（一六五〇年二月）前に、エリザベトは、自分たちが望んでいたよりも自分の一族には不利なウエストファリア条約の条件によって、また母の兄の英国のチャールズ一世の斬首によってさらに悲しい思いをさせられていた。

ところで、その精神的な逞しさにもかかわらず、こうした尋常でない悲劇的なすべての出来事へのエリザベトの対応は適切でなかった。彼女は、「すぐに魂の懊悩」に苦しみ、「魂と折り合う力もなく」「身体に女性の弱さの大半がしみ込んでいる」[275]ことを嘆いていた。その妹ソフィーは皮肉っぽくこう語る。「血の廻りで不幸にも鼻が赤くなって…彼女のどんな哲学も苦悩から守ってくれなかった」。ましてやその「憂鬱」は、「連日」やって来るありとあらゆる「不快な対象」[276]で膨れ上がって、「情念がその役割を終えてしまった後でしか」[277]平静な判断ができなかった、とエリザベトは告白していた。彼女が言うには、「予期していても不幸の中にはなにか驚愕させられるものがあり、一定の時間が経ってからしかそれを制御できないし、私の身体はきわめて激しい不調に陥り、それを治すのに数か月を要し、その間にも新たな混乱の課題がきまって生じます」[278]。

デカルトがどのようにして心身の相互作用に関する一六三七年の見解を補足するに至ったかを理

解するうえで、こうした詳細すべてが助けになる。おそらく、そうした弱さが示しているのは、精神がいかに「体質」[279]に依存しているかという点である。だが、機械論的学問が魂の救済なしに精神病者を治すには無理があるだろう。医師たちが彼女に薦めた温泉療法を利用するには、エリザベトはあらゆる種類の悲しい想念から精神を解放しなければならないだろう。この件に関してデカルトは、彼女に緑や鳥などを前にして緊張を解くように勧める[280]。「それは時間を無駄にすることではなく、時間をうまく使うことである。と申しますのもこの生において持ちうる他のすべての善の基礎が健康であり、こういう仕方で健康が完全に回復されるだろうと希望できるから、わたしたちは満足できるのです」[281]。こうした健康礼賛は、ほとんど『方法序説』の言葉の繰り返しである[282]。また、「悲しくさせる情念すべてを自分から取り除くには、身体の健康と快適な対象の存在が精神には大いに助けになります」[283]と、デカルトは常に考える。だが、「逆に精神が喜びで満たされればそれで身体は調子良くなり、また対象はいっそう快く見える」[284]。

「この場合、困難なのは理論より実践である」[285]ので、一六四五年の春以来デカルトは、手紙の相手に自分自身の例を引き合いに出していた。自分の母が「何らかの悲嘆によって引き起こされた肺疾患で」[286]亡くなったさい、それを受け継いだ若きデカルトは早死にするはずだと思われていた。「しかし、現れる物事を最も快適にしてくれる角度からいつも見るという傾向や、自分の満足の大半は自分にしか預かっていないとするいつもの傾向によって、私には生まれつきであるかのようなこうした不調は少しずつ、すっかり消えていったように思われます」。[287] だからと言ってデカルトは、毎朝ベッドにいて窓を開けたまま、換気や休息の療法をすることをおろそかにしてはいなかった。なぜならば、この二つの面は補い合うからである。

したがって、身体の医学は魂の平衡に役に立つので、その情念の取り扱いは人間全体の健康に役立つ。

第三節

それゆえ、エリザベトの影響によって、デカルトは情念の研究をまとめるようになっただけでなく、おそらく精神の治療本来の重要さを以前よりももっと考えるようになっていった。しかしながら、デカルトは、エリザベトと知己になる前から暫定的な第三の格率によって欲望を自ら抑制し、確かな医学によって健康をより完全に強化できると考えてすでに損なっていた自分の健康を改善していた。同じように、この文通相手の初めての質問以前にはデカルトが心身結合にほとんど関心を抱いていなかったと思うのは行き過ぎであろう。

一六二八年以来、デカルトは、「人間の精神が何であるか[288]、身体が何であるか、身体はどのように精神によって告知されるか、認識に役立つ能力とはこの複合体全体の中で何であるか」[289]を説明しようと計画していた。二つの要素の実在的区別とそれらの緊密な結合は、われわれがすでに見てきたように、『方法序説』の中で明瞭に肯定されていて[290]、第六省察はそれのいっそう正確な証明を提供している。[291]『省察』が惹起した反論への答弁以来、デカルトは魂の身体への作用を当時の自然学者が重さを示すやり方と比較するが[292]、これを一六四三年のエリザベト宛書簡[293]で取り上げなおすだけでなく一六四八年にも再び[294]取り上げなおすことになる。というのは、デカルトはスコラ的な誤謬の発生をつぎのように説明するからである。「実体形相」[295]の観念は、人間中心的な想像によって形相と形質が小さな魂の役割を果たしている物質的世界に拡大される。だが、「魂と身体の区別とその合一」[296]は、われわれの悟性に反するにもかかわらず、出発点、すなわち人間の魂はわれわれの身体に「報知する」という事実は[297]、反論不可能な「証拠」[298]をもつ日常的経験によって証示される。

三つの「原初的観念」[299]を混同しないように注意しておく必要がある。この観念によって、魂を独立した精神として、身体を厳密に機械論的なものとして、またそれらの結合による感情の様相を、認識することが可能になる。この様相はその真の領域と関係させれば、したがって、「明晰判明な認識」[300]の対象となる。

このように、『情念論』は長い間デカルトが表明していたテーマの帰結である。原理的には、人間の精神と身体との別々の研究が『情念論』に先立っていなければならなかった。また、エリザベトの懇請は、その当時進んでいた探求を、前倒しするようデカルトを導いたに過ぎなかったが、死によってそれを完成することはできなかった。情念の道徳を仕上げるために「他の諸学の完全な理解」を得てしまうまで待たずに、デカルトは、機械論の一般的原理から「人間の特殊的知識」[301]へと移行することの困難を前にして、第三の原初的観念に直接取り組むのである。

しかしながら、われわれは魂の働きと身体の働きを区別した後でしかそれらの結合の特殊性に結論をくだすことができない[302]。それゆえ、『情念論』は、完成された道徳からすれば限定的な一部であり、すべてにわたる詳細ではないが、形而上学と自然学から展開されるデカルト生理学との一般的結論を少なくとも前提とする。

第一の点については、デカルトは簡潔に語りうる。というのも、『省察』と『哲学原理』の第一部は、常に「思惟」であり続ける魂の様態と形や運動の変化に還元される物体の様態との差異をすでに詳述していたからである。すべての生命現象を考察するような仕組みについては、デカルトは『方法序説』の第五部では血液循環の例しか公にしていなかった。したがって、『情念論』四項から一六項の論考は、器官と「細い管」[303]を通る液体（血液と乳糜）と「動物精気」[304]の、循環一般を含めた生物学的働きの「簡潔な説明」[305]である。そのさいデカルトは、動脈や静脈のモデルに基づいて筋肉、神経、脳内に至る動物精気を考えている。

説明の細部はあっという間に古くなったが、デカルトは「主たる生物学的法則を提示し定式化しており、誤りそのものはたくさんあっても客観的で機械論的生理学を基礎づけるために辿るべき道を十分に示していた」[306]。また、このメカニズムの理解によってデカルトは、この法則を支配しようとして、特に情動や情念の形成における連合の重要性を引き出すことになった。

だが、決定論と無縁の存在だけが、この法則を理解して自分の目的に法則を利用することができる。それゆえ、このことから求められるのは、身体的不調の影響から魂に「情念」[307]が作り出され、それに応じた魂の対応の仕方を規定することである。『省察』は、感覚的な興奮はすべて脳のただ一か所に集中しうるはずであると主張しただけであった[308]。『情念論』が示しているのは、いかにして「身体のすべての部分に緊密に結合されている」[309]精神が、それにもかかわらず、松果腺を介して「いっそう細かな形でその働きを」行使するかである[310]。

それゆえ、意志は、あらかじめ組織されている機構を始動させるにすぎない。というのも、デカルトの最後の著作には、たまたまメラン神父との文通が寄与している部分がつぎのように多々あるからである。[311] すなわち、「身体の主要部」[312] は、機械が動くように決定された「集まり」[313] になっているに違いない。そうでなければ、魂は身体と「全面的に分離される」。[314] したがって、有機体の統一は、合一の条件として現れる。逆に、そのことによって、「この合一を保持するために獲得されたすべての性向を自分の内に備えている間は、この身体は全体である」[315] と言える。

第四節

心身合一は、「ただ一つの全体」[316] として人間を保持することを目指す。第六省察は、心身に実践的な意味作用しか認めないという条件で、飢え、渇き、より一般的にはすべての「感覚」[317] が存在するという、「われわれの本性」[318] の主張への強い信頼をすでに正当なものとしていた。しかるに、情念は同一の秩序に属し、これによってデカルトは情念の「働き」を規定することが可能になる。

合一の領域の目的論的で特徴的な考察によって、デカルトは情念の真の本性を規定して、「自然学者として…情念を説明すること」が可能となり、また、「それらの第一原因」[319]によって枚挙することが可能となった。このことは、人々が情念を外的対象の多様性に関連付けることをいささかも前提にするのではなく、「ただそれらの対象がわれわれを害するか利するかに応じて、あるいは一般にいかに重要であるかに応じてである。そして…すべての情念の効用は、自然がわれわれに有益であると定めるものを精神が欲するようにさせ、その意志を変えないように仕向けるだけである」[320]。

こうして、情念の順序と枚挙が演繹される。すなわち、ある対象がわれわれにふさわしいか否かを知る以前にわれわれは驚くが、それこそ一七世紀が驚異[321]と名付けるものである。あるものが「われわれにとって良い」[322]と見えると、われわれはそれに愛情をもち、有害であると見えると憎しみ[323]をもつ。時間と共に「善と悪の同じ考察から他のすべての情念が生じる」[324]。すなわち、将来の善[325]の欲望、われわれにかかわる善ないし悪が現にあるさいには喜びまたは悲しみが生じる。[326]「合成された」[327]一連の情念すべてがこれらの原初的な六情念に従属するのである。それらの中で、高邁は第三部[328]で道徳的展開にともなって分析されるが、本書では切り離した形でその検討を行うことが許されるだろう。

なぜならば、こうした異なる情念の科学的研究はそれらの全面的な制御へと向けられるからである。デカルトは、目や顔の「表現」[329]と情動の自然な表現とを正確に区別しながらも、全体を意志の同一の働きに従続させようとする。われわれは訓練によって、一つの音、いくつかの文字の視覚的表象、あるいは微笑みを、精神によって目指される「意味」とは本質的関係がなんらなかった生理学的運動と結びつけることが可能である。[330]そのため、精神にいくつかの情念を誘起する運動に本質的に結びついている松果腺と動物精気の運動は、「しかしながら習慣上これらと分離されたまったく異なる他の運動に結合されうる」。[331]これらの新たな連合は自発的でありうる。つまり食品で嫌なものと出会うと、われわれはずっとそれが嫌いになる。[332]だが、この法則の発見によってわれわれはそれを自分たちの目的に利用することが可能となる。

そういうわけで、デカルトはこの法則を、情念の結果と原因について「私が…述べたすべてのこと」の「基礎となる」[333]原理と呼ぶ。「すなわち、われわれがある身体的行為をある思考に結び付けると、両者の一つがわれわれに現れると他方もそこに現れるような、精神と身体の間の結合がある」。[334]

一六三〇年以来、デカルトは条件反射を作り出す可能性を予見したのであった。「バイオリンの音と共に犬を五回ないし六回叩いたなら、犬は別の機会にこの音楽を聴けば叫んで逃げるだろうと、私は考える」。[335]また『情念論』第一部の最後は、動物の調教の例を再び取りあげ直す。[336]しかし、人間は、そうした機構の理解によって、もはやそれには服従しない。

一方において、実際、結合の発生の解明によってのみその偶然的な特徴が発見される。また、このことは、われわれがときにそこから解放されるに十分である。デカルトは、ここで精神分析の原理をいくつか述べている。幼児期の感情的ショック（また、デカルトにとって、出産の前から胎児は何らかの混然とした感覚を体験する）は、猫へのへんな忌避や食べ物を不快にするバラや他のすべての対象への忌避を引き起こす。[337] あるタイプの人に対する好みの傾向は、類似の「固定観念」の働きでありうる。すなわち、幼少時にデカルトは少し斜視の少女を愛していた。そしてずっと後になって彼は「そうした欠陥を持っているだけで他の人を愛するより」[338] 斜視になった人をいっそう愛する傾向があると感じていた。「また私は、それにもかかわらずこれがそのせいだということを知らないでいました。逆に、私がそのことについて反省してそれが一つの欠陥であることを知ってからは、もはやそれに心を動かされることはなくなりました」[339]。連合の原理を意識することは、ここでは固定観念からの分離に役立っている。

他方、このメカニズムの詳細な理解は、それによって固定観念をわれわれの利益に転じてそれをうまく処理することを可能にしてくれる。なぜなら、それから解放されるには情念の不合理性を理解するだけでは必ずしも十分でなく、最良の決心が不可能なことは明らかだからである。「われわれの情念は、われわれの意志の働きによっては直接引き起こされえないし、取り除かれえない」[340]。意志は、実際のところ、生理学的現象には直接影響せず、本性上ないし習慣上松果腺によって決定される方向づけに依存する運動系に影響を及ぼす。[341]ところで、デカルトの方法論の全体が示しているのは、習慣は諸刃の道具であることだ。つまり、習慣は偏見を強化するが、懐疑の議論を繰り返す省察は歪んだ棒を反対の方向に撓め、最終的にはまっすぐにする。反対の習慣によって情念の惰性と戦うには、やはり同じように何回か議論を繰り返す必要がある。そこから見えてくるのは、身体のメカニズムの支配に対する救済は厳密には物質的でないことだ。というのも、身体のメカニズムの働きはすでに魂の情念であるからだ。「したがって、自己の内に大胆さを引き起こし恐怖を除去するにはそういう意志を持つだけでは十分でなく、危険は大きくないとか逃走するより守る方が常に安全であるとか、勝てば名誉や喜びが得られるが逃走してしまえば悔いや恥しか待っていないなどと確信される理由や、事物や事例をよくよく考えてみる必要がある」。[342]

こうした道徳的な考察は、情念が目指すまたは拒絶する対象を正しく評価することが目的である。なぜならば、生理学的な乱れはイメージの強さや速さを強化し、これこそ誤謬の源泉であるからだ。つまり、「想像に現れるものはすべて精神を誤らせる傾向があり、情念の対象を得心するのに役立つ理由を、存在している理由よりはるかに強いものにして現れさせたり、思い止まらせたりするのに役立つ理由を遥かに弱いかたちで精神に現れさせる傾向がある」。[343]精神が反省を情念に対置すると、精神は「同じ一つのものをほぼ同時に望んだり望まなかったりするように迫られる」。[344] つまり、「われわれの内には一つの精神しかなく、また、これはそれ自体いかなる多様な部分も持たない」[345]のに、われわれは精神がそれ自身に逆らって分割されると思う。つまり、「感覚的である同じ精神は理性的であり、精神の欲求はすべて意志である」。[346] 情念の発動によって強化された誤った理由に意志は、「自分の生活の行為を導こうと決意した善と悪の認識にかかわる堅い断固とした判断[347]」を対置する。この「理性が意志に忠告するであろうすべてを実行する固い変わらぬ決意」が、徳そのものであり、[348] 語源学に拠れば徳ないし魂の力であって、デカルトは、以下のようにいぜんとして自分の反省そのものに伝統的な概念を組み込んでいる。「学院では徳は習慣であると語るのは正しい」。[349]『情念論』一六一項は次のように規定する。「精神のうちの習性」[350]は、しかし、この生命の支えとして身体のメカニズムをもっており、それは最も非反省的な衝動にわれわれを従属させる幼年時代いらい強化されてきたこのいっそう古い習性と平衡を取るためである。

かくして「自分の行為の反省を常とする人々」は、「情念が表わす理由と反対の理由」[351]をいっそう容易に思い起こす。デカルトは、「こうした仕方であらゆる種類の出来事に十分に備えている人はほとんどいないことを認める」。[352]

少なくとも、行為が緊急でないときはすべての衝動を停止することが可能である。暫定的道徳は不確実さから来る不決定を改善するのに対し、情念の統御の技術は、思弁的方法によってある程度まで懐疑を実践する。時間は魂に有利に働く。なぜならば、身体の運動は現在の内で尽きるからである。それゆえ、われわれにその余裕があれば、「そのことの判断をすぐに行うことをさし控え、時間と休息が全面的に血液中の情動を静めてしまうまで、他の思考で気を紛らわせるべきである」[353]。

第五節

これがデカルトが薦める「治療法」[354]である。それらは、いささかも医学的なものでない……ことが分かる。というのも、理性は絶えず働いていて、デカルトは欲望を制御するために形而上学や自然学の真理に依拠しているからである。すなわち、神の決定の無謬性、人間を宇宙の中心にすることの拒否である[355]。一般にわれわれを行為に向かわせるのは欲望だから、「われわれが統御するよう心掛けなければならないのは主として欲望である。また、ここにこそ道徳の主たる有用性がある」[356]。

だが、情念のこうした道徳は、判断のデカルト的理論と形而上学の寄与とを統合しており、古代人が行ったような「道徳哲学者として」情念を扱う議論とはいささかも混同されない[357]。というのもデカルトはまず「自然学者」[358]として情念を分析し、情念が「工夫」[359]してあるいは「巧み」[360]に用いられないなら、英雄的な決定は無効だと結論するからである。愛が現れ憎しみが一掃されるには、つぎのように宣言するだけでは十分でない。

そして私の情念を支配するのは私の至高の理性[361]。

さらにまたわれわれは、ストア派の哲学者のように賢者はすべての情念を排除するとは宣言できない[362]。つまり、情念を支配するには、少なくとも一時的にそれを受け入れ、必要によって反対の情念を用いなくてはならない。すなわち、名誉欲と喜びの欲望、後になってからする恥の拒否と心残りの拒否は、われわれが恐怖と戦うことの助けとなるであろう[363]。

それゆえデカルトは、情念は「その本性上全面的に善であり、われわれは悪しき使用やその過剰いがいにはなんら避けるべきものを持たない」[364]、と結論する。というのも、情念は、「自然がわれわれに有用だと教えるものを欲するように精神に促し」[365]、逆に情念の使用は、少なくとも人間という複合体に関わる点で本質的に善いものである。なぜならば「身体にだけ関わる善と悪が引き起こされる」[366]とき、「注目すべきことに自然の仕組みによって情念はすべからく身体に関係し、精神が身体と結合されている場合にだけ精神に与えられる」[367]からである。デカルトにとって身体のバランスが「この人生の他のすべての善の基礎」[368]、である限り、身体の保全に役立つものはすべてそれゆえ固有の価値を持っている。

人間を純粋な精神として扱わずに、デカルトはこのようにストア的な「充足」の危険を認めており、この点についてはアリストテレス―トマス的な系譜にある。つまり、徳は人間の全本性の開花であり、感受性を窒息させてはならないが理性によって統御しなければならない。そして、デカルトが最高善ついての古代の議論を援用するさい、「精神や身体や運命のすべての善の集合」[369]をいっそう高く評価することを、ストア派の哲学者のようには、いささかも拒否しない。「と申しますのも、確かに、生まれが良くいささかも病気もせず何の不足もなく、それに加えてまた賢明で有徳な人は、貧しく健康でなく身体が不自由で同じように有徳で賢明な人より、いっそう完全な満足を享受することができるからであります」[370]。

しかしながら、情念のメカニズムそのものには、その複雑性から細かな「欠陥」[371]がいくぶん含まれており、動物精気の働きで強化されたイメージに固有の活気のせいで、「…過度の熱意と関心から」[372]善を求め悪を避けようとする。「そういうわけでわれわれは経験と理性を使用して善と悪を区別しなければならないし、それらの正しい価値を認識しなければならない。それはまた両者を取り違わないためでもあり、何ごとにも過度にならないためでもある」。[373] 食欲が伝わると、食べなければならないときには長い熟慮を避ける。そして、医学が実際に無力でも、「自然はそれ自体で自己の回復を求める」。[374] 情念も似たような機能を持っている。だが、人間には動物に対して、衝動の目的全体がうまく達成されなかった場合、おのずからこうした衝動を規正できるという優位がある。「ちょうど、たとえば何かの食べ物がおいしければそこに毒が混ぜられていても毒ごと食べようとして、わたしは誤りを犯しうるように」。[375] したがって、生理学や化学によって基礎づけられた医学はここでは非常に有用であろう。

第六節

だが、身体の一定の平衡が獲得され理性と意志が自由に行使される場合だけ、こうした考察は道徳とかかわりをもってくる。身体は「われわれのより善い部分」ではないので、したがって「情念が精神に属する限りその効用」[376]を検討しなければならないし、真の認識がやはりそこではいっそう大きな役割を果たすのである。

セネカとは反対に、デカルトは、「あらゆる種類の欲望が至福と相容れないものではありません」[377]とする。というのも、「欲望については、明らかに真の認識から生じる場合は、過度でない限り、また真に認識して統御する限り悪いものではありえない」[378]、ことは明らかだからである。

逆に、悲しみ、憎しみおよびそこから派生するものは、身体に有害な対象に対して用心するというその肯定的な働きにもかかわらず、「精神にとって」[379]は悪いものである。デカルトの継承者であるスピノザが、意気消沈させる情念すべてを徹底的に否定するのに対して、[380]デカルトは、しかしながら、具体的な経験のもつニュアンスにはもっと注意深い。デカルトは憐れみと同じく、正しい謙虚も、至高の情念であり徳である高邁と結びつける。そして、内心の悔恨はかならずわれわれの行為の価値への「疑いを前提とする」[381]から、後悔が不毛であれば、「われわれが後悔するような行為が悪いことは真実であって、またその確かな知識を持っているときには、その行為が別の機会にわれわれをより善く振舞うよう導くから後悔はとても有益である」。[382]ふさわしくない対象への愛が「われわれを卑しく下品にする」[383]のに対して、憎しみが悪に向かうのであれば、[384]憎しみそのものは正当である。「善良の人」[385]の怒りそのものが不意に沸いて来て、「自分が愛する人」[386]のために怒る時、怒りそのものは許容できる。しかしながら、「受けた無礼を怒りが対象とする限り」[387]、われわれの精神をいっそう高く持ち上げることによって怒りから身を守らなければならない。高邁はやはりその助けになるであろう。

それゆえ、デカルトが「称賛されるべきで有用でもある」とは考えないような、「恐怖や畏怖」[388]は存在する。それは「突発的な動顛」[389]によって、公衆を個々人に分離する。だが、それは「特殊情念」というより「臆病、驚愕、不安」[390]の過剰である。

この意味で、情念はすべて善である、[391]少なくとも「ほぼすべてが善」[392]である。すなわち、過度ないくつかの形だけが、情念の悪しき効用を作る。

だが、いくつかの情念の過剰を警戒してデカルトは、徳をまさに中庸とする伝統的な見解に含みを持たせることを恐れない。「と申しますのは、二種類の過剰があるからであります。一つは、事物の本性を変化させて、善いものを悪いものにして、善いものが理性に従属し続けることを妨げるような過剰。他のひとつは、善いものの程度だけを増やし、善いものをさらに善いものにしかしない過剰です」[393]。

したがって、豊かな情念は「過度になればそれだけ有益になる場合もある」[394]。とりわけ高邁はそういうものであり、したがって過度になると害を与えうるような情念の逸脱に対しては救済になりうる。[395] デカルトがこれについて行った研究は非常に新しく、デカルトの最も人格的な道徳に特徴的なもので、別に検討されるだけの価値がある。だが、そのことが身体的根づきによって含むものすべて共に、この徳が一つの情念でそれが身体に根づいていることすべてを含んでいることを忘れてはならない。[396] したがって魂だけの快感の考察がわれわれの行動を統御する助けになるなら、[397] その快感は、それゆえ、身体をともなった人間の快感に作用しても重要性を減じることはない。デカルト哲学は、「情念の効用を放棄するほど粗野で近づきがたいものではない」。[398] デカルトは言う、「反対に、私は情念の効用にのみこの人生のあらゆる甘美さと至福を置いています」と。

だが、それは情念を支配するという条件においてである。また、それは、理性が拒否や支持の能力を行使するように意志を助けるのと同じく、生理学的メカニズムや、イメージの精彩や、さまざまな情念の積極的な効用や、その限界などの認識が情念の支配に及ぶことである。この結論は、その全体性においては最も完璧な道徳と混同されることはなく、まさにその哲学全体の成果でもある。それがデカルトによって出版された最後のメッセージである。つまり、情念によって「最も動かされうる人は、この人生において楽しさを最大限に味わうことができる。こうした人は人生において情念をうまく扱うことができず運に恵まれない場合、確かに最大の苦さを見出すかもしれない。だが、知恵の主要な有用性は、みずから情念をよく制御し巧みに処理することを教え、情念が引き起こす悪に十分に耐えられるようにし、どんな悪からも喜びを引き出すようにすることである」。[399]

第四章　人格と共同体

第一節

最後の作品で充てられている高邁の研究が持つ倫理的重要性と人格的な特徴は、デカルト自身十分に明らかにしていた。[400]「知恵の主要な部分の一つは、どのような仕方でまたいかなる理由で各人が評価されたり侮蔑されたりするべきかを知ることにあるのだから、私はここでそれについて自分の見解を述べよう。私は、われわれを評価する正しい理由を与えることが可能な、私たちのうちにある唯一つの点しか認めない。すなわち、自由意志の行使と意志についてわたしたちが持っている支配である。なぜならば、われわれが正しく称賛されたり非難されたりするのはこの自由意志に依存する行為だけだからである。また、神がわたしたちに与えてくれるこうした権利を臆病にも失わない限り、自分を自分自身の支配者とさせることによって自由意志はわれわれをいわば神に似せる」。[401]

ところで、自由意志というこの至高の価値は、デカルト的道徳の頂点であり、思惟の最初の働き以来形而上学の内に根づいていて、自由を発見し、情念と徳を親密に結合する熱き体験を通して人間のうちに表現される。

人間の魂の偉大さは、実際、単に「死を恐れさせない」[402]その霊性にあるだけではない。より正確に言えば、一六四五年九月一五日の手紙は、「識っておかなければならない第二の点」のこの面だけを取り上げているにしても、多くの他のテキスト、形而上学的著述、道徳書簡が示しているのは、魂が機械論的法則を逃れる点でも身体より「いっそう高貴である」[403]ことである。魂は、欺く霊が仕掛ける罠にはまらせない方法的懐疑から出発して自己自身を意識する。つまり、「われわれを創造したものが全能であり、しかもわれわれを欺くことに喜びを感じるだろう場合でさえわれわれは自分の内に自由を体験しないではいられない。その自由とは、欺く霊に好かれるたびに、よく知らないものは信用して受け入れないことであり、こうして誤ることをふせぐことができる」[404]。「私は考える、ゆえに私は存在する」[405]は、それゆえ、自由な行為のただ中で肯定され、第四省察では真なるものを判別するためにその結果が分析される。こうした方法論的視角で接近するとき、自由はすでにその絶対的で無限の特質を伴って顕現する。そして、神の愛についての道徳的テクストが示すものは、いかにして神とのこの類似がわれわれを神と同列化させるかであるが、それこそ「大きな誤りである」[406]われわれを条件づける真理は、われわれには覆すことができない諸々の完全さの存在論的秩序よって、それゆえ、われわれの自由意志の善用または悪用が区別され、これによって道徳が基礎づけられわれわれが称賛または非難に値するものとされることである。[407]

執着ないし拒絶と不可分の能力は、われわれの知識の程度にしたがっている。つまり、「また、断固とした固い決意を常にもって、われわれが最善と判断した事柄すべてを確実になし、自己の精神の全力をあげてそれらを十分に認識するようにしなければ、この能力をよく発揮できるとは思えません。すべての徳が存立するのはそうした点においてだけであります。また、正確に申せば、いわゆる賞賛と栄誉に値するのはそうした点においてだけであります。したがいまして、そうした点からのみ常に人生の最も偉大で最も確かな満足が生じます。それゆえ、最高善が成り立つのはそうした点においてであると、私は思います」[408]。

このようにしてデカルトは、古代人の主張を拡張し[409]、すでにストア派によって高言されていた知恵の独立にいっそう正確な基礎を与える[410]。幸福への彼らの貢献にもかかわらず、健康や財の善も幸運の善も精神の才能[411]もおよそわれわれの力によるものではなく、ただわれわれの思考によって統御されるに過ぎない。暫定的道徳の第三の規則については、高邁の表現としていっそう深い意味が再発見される。

なぜならば、「真の高邁は、人が正しく評価しうる最高の点にまで自己を評価できる」ようにし、「その意志の自由な使用」に基づいており、「善く用いようという、すなわち最善と判断するであろうすべての事柄を理解し実行するための意志を決して欠くまいという固い変わらぬ意志に基づいている。それは徳に完全に従うことである」。[412] 徳は、そのことによって、「暫定的」[413] という第二の格率の不確実な性格を超えることを可能にする。デカルトによってうまく規定されていないにもかかわらず、一六四五年の八月の手紙では[414] この移行が明白になっている。そこでは、選んだ「意見」[415] に忠実であるということが、次のような第二の規則に取って代わられる。「理性が忠告するであろうすべてのことを、情念ないし欲望に妨げられることなく実行する堅固で変わらぬ決心をもつこと」。[416] また、デカルトは自分の独創性を自覚してこう付加する。「誰も徳をこのように説明したことがありませんでしたが、思うに、徳に対して取らなければならないのはこの堅固で変わらぬ決心であります。しかし、人びとは徳をいく種類かに分割し、徳がおよぶ対象の多様さのゆえにそれにさまざまな名称を与えてきました」。[417]

それゆえ、徳の多様性については科学の多様性と同じである。若きデカルトの深い原初的直感は人間の知の根本的統一にあったように思われる。[418] すべての科学は、一つで同じである人間的知恵以外のものではない。というのも、人間的知恵は異なる知的対象への同一の良識の適用であるからである。それと同じように「真の徳」すなわち「非常に純粋でまた完全であるためただ善の認識からしか生じない徳は、まったく同じ性質の知恵という唯一の名称の下に包摂されうる」。[419] しかしながら、この理想が、おのおのの場合にしなければならないことについての全面的な確信を前提にすると思ってはならない。デカルトはこう続ける。「なぜならば自分の能力としての理性を常に最良の形で用いようという、また最善と判断することをあらゆる行為で行おうとする堅固で変わらぬ意志を持つ者は誰でも、その本性上可能な限り真に知恵がある者であります。またそのことによってのみ正しくあり、勇敢であり、慎み深くあり、またその他すべての徳を有しております。ですがそれらは相互に結合している結果、それらのうちで他のもの以上に見えるようないかなる徳も存在してはいません」[420]。

ところで、このことはデカルトの道徳における高邁の特権的性格を説明する。主としてそれは他の情念の中の一つである驚きから、より特殊的にわれわれ自身に限定される評価の派生態として現れる[421]。高邁は、それと類似した諸情念と同じく、われわれの驚きを強化する生理学的運動に随伴する[422]。しかしながら、最初に枚挙したときからデカルトが記しているように、自発的な激情は「習慣」へと拡張されうるし、高邁は一般的には「大度」[423]という名の徳に対応する。徳が情念と一致するというのは驚くべきことのように思われるが、デカルトはここではストア派の主張も情念を魂の病と同一視する新ストア派の主張もきっぱり否定する。「ある思考が誤った根拠からできている場合にその思考を強化するのに役立つ精気の同じ運動が、正しい根拠からできている場合にもそれを強化できないわけがない」[424]。そして、われわれが見てきたように、われわれの自由意志の考慮とそれを善く用いようという固く決意する配慮が、「正しい理由」[425]であって、これによって「正しく自己を評価しうる最も高い点から自己を評価するようになる」。[426]このことが指し示すのは、それゆえ、価値の秩序である。「人間の完全さの主たるものは自由意志をもっていることであり、それが人間を称賛や非難に相応しいものにする」。[427]

したがって、最善のものによって行動しようという意図、すなわちわれわれの人格の尊厳の根本である自由を十全に開花させようというただ一つの意図によって、高邁の情念は同時に完全な「徳」[428]でもある。多くの出来事にさいしてこうした決意がなされる。そういうわけでわれわれのさまざまな行為は、謙虚、第二義的な善からの離脱、忍耐、他者への献身などの特殊な諸徳と関連づけられうるが、高邁はわれわれの行動全体を突き動かす。

実際、高邁が傲慢と区別されるのは、人が自己を評価するさいの理由によってでしかない。だがつぎのような動機は主となるものである。つまり、高邁の結果は「傲慢の結果とは正反対である」。[429]なぜなら、自由意志は、絶対的にわれわれに依存するがゆえにこそ、最高善であるからである。つまり、理性と同じく、高邁は「全面的に各人の能力のうちにある」。[430]高邁は、それゆえ、人間の価値を根拠づけるものがすべての人にあると認められる。高邁は自由が悪に向っていることを確認しても、矯正が可能であると分かっていて、誤りは「善意志の欠如より認識の欠如[431]」によって犯されることを認める。高邁は、さらに、人間が弱いものであることを知っており、「われわれがかつて犯したかもしれない誤り、犯すかもしれない誤りを反省する。それらの誤りは他の人が犯すかもしれない誤りと比較して小さくはない」。[432] 下劣な行為がしばしば思い上がりと結びついているのに対して、高邁こそ、「善き謙虚」である。[433]

なぜならば、傲慢は、自然がわれわれに豊富に与えてくれたものにせよ自慢するのが馬鹿げているような善、また欠如していても残念がるべきでないような善に依拠しているからである。つまり、高邁な人は、「自分よりもより多くの財産や名誉をもつ人より、あるいはいっそう多くの知力や知識や美しさを持つ人より、また一般に他のなんらかの完全性において勝っている人より、自分の方がひどく劣っているとはまったく考えないし、また劣っている人に対して自分を高く評価することもない。というのもこうしたことすべては、善き意志に比較してほとんど重要でないように思われるからである」。[434] 逆に、「知力、美、富、名誉など他のすべての善は、それらが少数の人にしかないほどそれだけ評価されるのが常であるので、そのため傲慢な人は他のすべての人間を見下そうとし、自分の欲望の奴隷となっているので憎しみや嫉みや執心や怒りに絶えず突き動かされている」。[435]

こういう情念に対しては、したがって、高邁いじょうの救済はない。高邁によって、われわれの欲望を抑制するためのデカルトの忠告すべてが容易に活かされる。「大いに望む」だけの価値があるのにわれわれに「獲得できないようなものは何もないからである」。[436]すべての人を評価するから、また、高邁な人は憎しみから解放される。「また、自分の徳への信頼が高邁な人を安心させているので、恐れから解放される。また、何であれ他人に依存するものは軽くしか見ず、敵に攻撃されたと認めるほど敵に優位は与えはしないから怒りから解放される」。[437]

デカルトによれば、自分自身を完全に支配する高邁な人は、それゆえ、ストア派の賢者の独立不羈に感性的情念を結び合わせる。この感性的情念は「驚き、喜び、愛、自分に対しても自分が評価されているものに対しても抱く感性」[438]の運動を結合する。「いつも徳に従う人が常にもつ満足」[439]にはおのずから高邁が伴っている。この高邁は「名誉」[440]を嫌悪することもない。というのも、「自己自身に対してもつ愛に基づき、他の人からほめられているという気持ちやその期待から生まれる一種の喜び」[441]を、自己評価と結びつけるからである。

また、ときには、デカルト的高邁の人はコルネイユ的英雄に近づけられた。コルネイユ的英雄は、その名誉感に対する義務を負い、自己の意志で情念に対して絶対的な力を行使する。[442]おそらく、現代の哲学者や著述家が表現するのは、「評価への愛」に名誉ある位置を与えるような社会の理想である。そして『情念論』の二年後、ニコメドの序文は「観客の魂に賛嘆しか引き起こさないような大いなる心の堅固さ」を悲劇の新たな出現として語る。だが、コルネイユの登場人物は何らかの行為ないし例外的な態度によって賛嘆を引き起こそうとし、またそれゆえ他者への優越を示そうとしていて、この名誉感の追求は根本において道徳と無縁である。[443] デカルトの高邁は、反対に、真の価値の理解に基づいており、この徳は魂によって強制されるからやはり透明であり、理性によって評価される。それゆえ、すべての人にそれが開かれていることが二重の意味で肯定される。

まず、原理上、普遍的性質によって定義されているので、各人が高邁に到達可能になる。疑いもなくデカルトは、しばしば最大限のまた最も強い魂を最も「弱く低俗な」[444]魂に対置する。なぜならば、そこには、天賦のものがあるからであり、「容易に信じられるように、神がわれわれの身体のうちに宿らせた精神は等し並みに崇高で強くはない」[445]。つまり、デカルトが大度という名称より高邁という名称を好むのは、「善い生まれ」[446]または家柄の影響との関係においてである。だが、デカルトはすぐにこう付け加える。「しかしながら、確かに良い教育は生まれながらの欠陥を矯正するのに大いに役立つ。また、確かに、もし人がよくよく自由意志が何であるかを考え、確たる決意をしてそれを善用することから来る利益がいかに大きいかを何度も考えてみれば、さらにまた、野心家を悩ませる気苦労はいかに虚しくかつ無益であることか。人は自分の内に高邁の情念を引き起こしうるし、また高邁という徳を獲得しうる。この徳は他のすべての徳の鍵であり、また情念のあらゆる迷いに対する万能薬であるから、この考察は十分に注目する価値があると思える」[447]（デカルトはこれを重要視しているため引用が長くなるのもやむをえない…。）

第二に、たとえその開花が、実際にすべての人々のうちに実現されなくとも、「高邁によれば他者を軽視しなくなること」[448]が理解される。というのも、他者は、常に自分の「人格」[449]の価値を作っている自由を立て直すことができるからである。最後に、高邁は他者に対するいくぶん否定的なこうした態度には満足しない。なぜなら、「高邁な人々は…本性的に大いなることを行おうとするが、できると感じないことは何も企てはしない。そして他の人に対して善をなすことといじょうに、またそのためには自分自身の利害を軽視するいじょうに重要なことは何もないと見なすので、彼らは誰にもいつも申し分なく礼儀正しく愛想が良く親切である」[450]。したがって、高邁な人は、他人の不幸に無関心でいられない。だが、高邁な人が体験する同情は手厳しいものではない。というのも、その同情はとりわけ「嘆き苦しんでいる人の弱さ」[451]を対象とするからである。不可避的なものは受け入れるべきだと彼らに諭すことによって、高邁な人もまたそうなりうることを改善しようとする。つまり、「他者に善をなすことは自身のために善を得ることよりいっそう高貴ないっそう輝かしいことであるので、そのことに最大の傾向をもつのは最も偉大な魂である」[452]。

「暫定的」道徳という制限付きの形にせよ、自然に対するわれわれの能力を増大させるための探究原理を公にすると同時に空しい慨嘆から人間を解放するための格率を公にする時、デカルト自身、「力の及ぶ限り万人の一般的な幸福をはからなければならないという掟」[453]にしたがっていた。なぜならば、「誰の役にも立たないということは、本来なんの価値もないことであるから」[454]

第二節

デカルトが出版した最初の著述のこうした簡潔な概要は、このように最後の著述の高邁の分析と繋がっている。すでに特殊情念の単純な記述を越え出ているものの、『情念論』は社会道徳のための帰結すべては展開できなかった。だが、一六四五年九月一五日の書簡は、この主題に関して出版された簡潔なテキストを補うものである。というのは、自由の善用が各人を評価し、すべての人に献身する根拠として発見されて、他者と連帯する個人を打ち立てる第四の真理に、形而上学的で道徳的な正当化をもたらすからである。[455]人間は宇宙の一部であるという意味での社会の「一部」[456]であるのではない。しかじかの国家の中に、しかじかの家族の中にわれわれを誕生させる偶然的な状況に、デカルトは「誓約」[457]、すなわち自発的参加の言及を加える。

そして、このエリザベト宛書簡での展開は、『情念論』の八三項で取り上げ直され、また、愛するものにすすんでわれわれをを結合する愛についてのシャニュ宛書簡でも取り上げ直される。[458]八三項では、他者が自分自身と同じくらい尊敬される場合、友情と名づけられ、この愛の形式を通して他者が文字通りどのようにして求められるかが規定される。「また人間こそこの情念の対象であり、ある人に愛されまたわれわれが本当に気高く高邁な精神をもっているなら、どんなに不完全な人間であってもその人にきわめて完全な友情をもちうる」。[459]そして、シャニュ宛書簡は、いっそう高い要求を表している。つまり、「二人が互いに愛し合っているとき、隣人愛は二人のそれぞれがその友を自分以上に評価することを求める」。[460]これは「献身」の友情に近く、その場合愛されていることは自分自身には好ましいので「それを保持するためには死ぬことをも恐れない」。[461]つまり、犠牲にまで進んだ「忠誠」が、それゆえ、その特徴である。[462]ところで、一六三七年以来、デカルトは、きわめて率直なある手紙の中で、「強く高邁な精神に」[463]つぎのように信頼を寄せていた。「私は友情をとても高く尊重していますので友情のために耐え忍ぶことは何であれ心地よく、したがって愛している人の利益のために死のうとする人でさえ、私には彼らが人生の最後まで幸せに思われます」。[464]

おそらくデカルトは、「各人は他人から分離されており、その結果その利害はある意味で他の人の利害と区別される」[465]ことを誤解しているわけではあるまい。また、デカルトは葛藤が起きうることも考慮する。「自分個人の利益より常にわれわれが部分として属する全体の利益を優先しなければなりません。しかしながら節度と慎みをもってであります。と申しますのも、われわれは誤って大きな悪に身を晒して両親や祖国に小さな善を得てやるに過ぎないこともあるのですから。また、自分の町の他のどんな人より、ある人が、ひとりだけで、はるかに価値がある場合に、他の人を救うためなら自分を無に帰してもいいというのは正しくないでしょう」[466]。これ以上ないほどの大目的のために大胆であることが正しいとされるさいには、大胆さは称賛されうるが、無謀は「理性の限界を超える」[467]のだから称賛はされない。このように、「虚栄心によってわが身を死に晒す者は、それによって賞賛されることを望むのですから、あるいは愚鈍によってわが身を死に晒す者はその危険を理解しないのですから…評価されるべきというより哀れむべきであります」[468]。

だが、こうした留保からデカルトの道徳はそれ自体として不条理な行為を承認できないだろうと想起されるが、高邁は真の価値の認識に依拠するのだから、この留保によって高邁の勢いが制限されはしない。したがって、同じ手紙で友情、誠実、徳一般を破壊するエゴイズムに対して、この真の英雄主義の称賛が対置されている。「自分を公衆の一部と見なすなら、われわれはすべての人が喜んで善をなし、同じくそういう機会があれば、他者への奉仕のために自己の生命を晒すことを恐れはしない。すなわち、可能であればわれわれは、他者を救うために自己の魂を失うことさえ望むであろう。したがって、こうした考え方が、人がなす最も英雄的なすべての行為の源泉であり、その起源になっている」[469]。すなわち、犠牲はここでは「義務」によってあるいは他者の善の追求によって正当化される[470]。そして、当の書簡の相手は「われわれ自身の価値とわれわれが一緒に生活している人々の価値」[471]の比較について何らかの規定をしてくれるように請うと、デカルトはそれを正確に行うのは難しいとつぎのように打ち明ける。「だが、またそれはきわめて正確でなければならないということではありません。自分の良心を満足させるだけで充分であり、この点では自分の傾向性に任せることができます」[472]。

これこそ高邁な人がなすことであり、自分に相応しい以上には自分を評価しない。「そして、…他者に善をなすことは自分に善を獲得することよりもいっそう気高く、輝かしいことであるのだから、したがって最も偉大な魂こそそうした傾向を最大限に持ち、自分が所有する善を最小にするのです」[473]。だが、「弱く卑しい魂」[474]に対して、デカルトは「…その労苦よって自分自身のために何らかの利益が引き出されるのだと理解させることによって、他者に対する労苦を取る」[475]ように彼らを促す楽天的な指摘を加える。「なぜなら、神はものごとの秩序をこのように打ち立て、…人間をきわめて緊密な一つ社会に結合したので、各人はすべてを自分自身に結び付け、他者にどんな慈悲も持っていないにしても各人が思慮を働かせ、ことに道徳が腐敗していない時代に生きているならば、通常は自分の能力の範囲内で人々のために努力せずにはいないだろうからである」。[476]

一七世紀には説教者もモラリストも自己愛の巧緻な策略を追求して、慈善の運動を完全に模倣するまでになる。[477] デカルトは、そうしたものと混同することなく、それゆえ、利他主義の功利主義的正当化の基礎を据えている。だが、この補足的議論にはそれ自体の価値はない。もし、デカルトが他者への献身の快感をすべて取り払おうとするのでなければ、「良き行為に、またもっぱら自分に関係づけない他者への純粋な愛情に、すなわち慈愛と名づけられるキリスト教的徳から生じる行為には常に内的な満足が伴っている」[478]と言って、エゴイストを非難するのは行き過ぎであろう。「悪はいささかも実在的でない」[479]、と見るデカルトが、同情して本当に苦悩することはないし、他者の幸福への共感は真の喜びをデカルトに付与するからである。「われわれが、自分を他の何がしかの集団の一部と考えるなら、われわれはまたそのためにわれわれに固有の善を何も奪われずに集団と共通の善を分有するであろう」。[480]

このように人間的友情の法則はキリスト教的慈善の要求に完全に合致する。[481]「社会生活には友情より大きな善はない」。[482] また、「慈善は、すべての徳の基盤であり基礎である」。[483] このことは、聖パウロが描写するような[484]慈善と高邁との深い近縁性を見出すことを可能にする。高邁もまた、忍耐強く、好意的で、羨み、高慢、軽視を欠いており、常に悪を嬉しがらない。というのも真の完全だけが高邁を浄福で満たすからである。

おそらく、その基礎は同一でないであろう。すなわち、慈善は超自然的な徳であり神の愛に源を持っているが、人が神に愛されている限り人へも拡大される[485]。だが、デカルトの人間的な道徳は、恩寵の問題に触れることなく、われわれが見てきたように、「われわれの本性の力だけで神を真に愛する」[486]ことができるとする。そして、まさに自由の偉大さこそが、われわれを神に最も深く似させ、同時に高邁と同種の評価を呼び起こす。人間の意志の最も優れた効用は、それゆえ、完全な存在への信奉と一つである。「というのも、愛の真の対象は完全さであるからである」[487]。「なぜならば、われわれがいっそう高貴でいっそう高邁な精神を持てばもつほど、自分に属するものを各人に与えるようになっていくからであり」、これは「神に対して」「非常に深い謙遜」[488]、を引き起こすことである。

さらに、デカルト自身は、神への愛を他者への愛と哲学的に結合する紐帯を示した。一六四五年九月一五日の書簡では、「われわれに最も有益な」[489]真理の第四の規則が第一の規則と結合している。なぜなら、愚劣で空しい無謀を非難した後、デカルトは、自分の命を差し出し「他人に善を得させるために他の悪に堪える」[490]者を称賛するからである。各人がその一部である共同体に属することからこの義務が生まれるという考えを明瞭にもつことさえなく、多かれ少なかれ漠然と「われわれがしかるべく神を知り愛するとき」、「われわれは自然にそうした考えをもつようになる」[491]のである。「と申しますのも、そのとき、神の意に全面的に自己を委ねることによって、自己自身の利害を棄て、神の意志に沿うと信じることをなすいがいに他の情念を一切もたないからです」[492]。他者への献身は、それゆえ、キリスト教の慈善として神の愛にその源泉がある。つまり、哲学の木の形而上学にあたる根と、高邁として開花する最も完全な道徳との間には絶えずこの循環が存在する。

第三節

魂が孤立の自我としてまず形而上学的に把握されるとしても、それは一階梯でしかなく、それゆえデカルト的道徳は個人主義ではない。

しかしながら、われわれは好んでドイツの「炉部屋」[493]に閉じこもっているデカルトを思い描いたり、もっと後の「濠」[494]の背後の小さなフラネッケル城にいるデカルトを思い描いたりする。デカルトは地方のしきたりで望まれるように濠の橋・・・を跳ね上げたのかもしれない。忘れてならないのは、孤独な省察は一般的な善へ貢献する著作の前奏曲であることである。技術の進歩と高邁な人を作る道徳教育は、人間をいっそう幸福にすることが目的である。各人で実践される哲学を賞賛することによって、[495]「自分自身の内にまた他者から何も借りずに自分の人生を導くのに必要なすべての知を見出す方法を各人に開いて、われわれの魂の真の豊かさを明らかにし」[496]ようとデカルトは望む。「だれにもこれを模倣するようには薦め」[497]ないようにと注意しているにもかかわらず、デカルトは、それゆえ、自分の真理探究を従うべきモデルと見なす。だが、社会の一般的な改革なしに善意への訴えで十分だろうか。自分の経験において前進するのに、デカルトは、「公の援助」[498]が必要であった。しかしながら、デカルトが風習の変化をいささかも望まない場合、この慎重さは暫定的のものであろうか。

エリザベトとの文通では、『方法序説』の第一の格律の順応主義は次のような熟慮の上での決定に席を譲る。「またどこまで従わなければならないかを知るには、特にわれわれが生きている場所のあらゆる風習を調べなければならない」[499]。また、八月四日付書簡の第一の規則は、われわれの国の法や慣習に従うことにはもはや言及していない。だが、この検討はどこまで及ぶだろうか。デカルトは、

反省によって権威の命令が不当だと判断される場合、どうするかは自問してはいない……[500]

プラトンは、『クリトン』の中で、ソクラテスは法律によって死を宣告されたときでさえポリスの法律を尊重したと語っていた。だが、プラトンは、すべての人びとに正しい立法を保証するために統治者の教育を行う義務を負っていた。確立された権威の批判的検討を可能な限り遠くまで押し進めるために、一八世紀には、デカルト主義から生まれた諸原理、すなわち理性によって結合されたすべての人間の平等や判断の自由が、百科全書派によって援用されることになる。

デカルトにおいてはそうしたものは何もない。すなわち、公事の経営は特殊な使命であり、デカルトは、それには「生まれからも社会的地位からも」求められているのではない「頭の中だけで考える」[501]政治家を非難する。「なぜならば神がその民の君主に任じた者や、あるいは予言者たるに十分な恩寵と篤い信仰心を与えた者だけでなく他の人たちにも許されるなら、生活習慣に対してはそれぞれの人が実に豊かに自分なりの思慮をもっているので、その頭数と同じくらいの改革者が存在しかねないからである」[502]。これは方法的懐疑にたじろぐ人を安心させるための便宜的な宣言だろうか。予言者への示唆は興味深いものであるにせよ、君主たちへの畏敬はデカルトの他のテキストによって確証される。スウェーデンの女王宛ての数通の書簡の結論によって尊敬と献身の形式が多様化されるだけでなく、デカルトはまたつぎのように繰り返す。「他人の生き方に口出しをすることは、君主ないし君主によって認められた者にしか属さない」[503]。おそらく幸運にも、彼の著述と特に愛や至高善に関する書簡は、「ひとりの女王」の心を動かし得るだろうし、「…その人のどんなに些細な行為でも地上のすべての幸福に大きな影響を与える」[504]。そして、デカルトはまた、こうした手紙を通してエリザベトに恩恵が得られるようにしてあげたかったのだった。同じように、パラチーヌ選帝侯王女のために書かれ、スウェーデン王妃に原稿として渡された『情念論』は、神と神の国への献身と同時に、自己自身よりもはるかに偉大であると見なす「自分の君主」[505]のために行われる献身に言及する[506]。なぜならば、高邁な人は、「人々に与えられるべき名誉と尊敬を、この世で持っている地位と権威にしたがって各人に快く与える」[507]からである。

それゆえ、デカルトは、その時代の支配的な考え方にしたがって、誠実に君主の「神権」を受け入れたように見える。ただ君主がそれにふさわしくあることを望みながら。そして、スウェーデンのフランス大使が期待させたクリスティナ女王の優れた高い資質と哲学的好奇心を歓迎した。

だが、君主についてのこうした理想は最高の道徳と歴史的現実との間の断絶を強化するものでしかない。クリスティナの素晴らしい気性はデカルトの死後にしか示されなかったが、デカルトは、三〇年戦争、「大貴族[508]」へのリシリューの勝利、フロンドの乱、イギリス革命…を知っていた。こうしたことすべては、まさに権利と力の関係の問題を立てるもので、この問題はしかも一七世紀のほとんどすべての政治的著述の核心にある。そして、デカルトの同時代人は、一般にマキャベリの読解に夢中になっていた[509]。じつに驚くべきことに、デカルトは、エリザベトがマキャベリに関する自分の意見を語るように勧めるまでは、マキャベリを無視していた[510]。

ところで、マキャベリに対する無関心、「社会生活にかかわる」[511]格率を求めるエリザベトの問いに応じない姿勢、フロンドの乱[512]あるいは英国のチャールズの斬首[513]を個人的な不幸として扱うやり方、こうしたことはまさしく、デカルトという哲学者が政治的使命をもっていないことを十分に確証する。マキャベリの作品は、「国家理性」の準則を適用して敵に勝つことを教えようと君主に語りかける。だが、国家理性と理性的反省は対立する。理性的反省は超時間的な完全さに至ろうとするため、そこから複雑な建造物である極度に多様な社会に直接適用できる結論を演繹できないであろう[514]。「こうした公的な大組織」[515]は、われわれ各人の自然の光の行使が先入見に関して要求する場合と異なって、危険を伴わずには転覆されえない。しかしながら、大半の人々が法を作ったのは、自分たちの「犯罪や紛争という不快さにただ強いられてでしかなく」、「だれか一人の賢明な立法者」[516]の指導によるものではなかった。

したがって、デカルトは、社会生活においてはエリザベトに同意する。「理性よりも経験に基づいて身を処する方が良いと思います。と申しますのも人が完璧に理性的な人々と交渉しなければならないことは稀であるからであります」。[517] またデカルトは、「世事の処理」[518] から離れた自分の隠遁生活を引き合いに出して、この主題に関して「無礼な」[519] ものになりかねない格率を作ることには慎重である。マキャベリについての第一の手紙の最後にある似たような留保にもかかわらず、[520] デカルトは王女の望みに従うことを拒めなかった。だが、その注釈の要請の性格から見て、「デカルトの道徳」を単純な形で全体化することには用心してかからなければならない。

第四節

しかしながら、まさにモラリストとしてデカルトは、一六四六年九月の書簡で『君主論』について判断し、ティトゥス・リウィウスについての議論を読んだ後そこに悪いものは何も認めなかったので、[521] 一一月の書簡ですぐにその問題に立ち返る。逆にエリザベトは、国家理性の必要性と共通の法の衝突を強調する。「共通の法は自分にして欲しかったと思うことを各人に対してなすべきだというものです。君主はこの法を臣民の一人について守りうることはまずないでしょう。公共の利益がそれを要求するたびにいつでも臣下を失わなくてはならないからです」[522]。

だが、デカルトは、マキャベリの主たる忠告が「全面的にその敵を根絶やしにするかあるいは友人にすること…は疑いもなく常に最も確実なものでしょう…恐れる理由がないときはその格率はあまり高邁なものではありません」[523]と答える。そして『君主論』についての最初の手紙の冒頭で、見事な形でいくつかの「ひじょうに優れた」[524]教訓を取り上げた。すなわち、「君主は常に臣下の憎悪や侮蔑を避けなければならないし、民衆の愛は要塞より価値がある」[525]。逆に、デカルトは簒奪者にかかわる者を認めることができなかった。デカルトは簒奪者と「正しい手段で国を得た」[526]者とを十分に区別していなかった。つまり、高邁、合法性、正義は、それゆえ、デカルトにとってあくまで理想の規範なのである。

だが同時に、デカルトは、具体的な状況の複雑さに応じてその判断に微妙な変化をつける。というのも、実際にはつぎのように、暴力的な圧制や裏切り、特に見かけは友情で覆われているような裏切りしか非難しないからである。友情は、「その種の乱用をするにはあまりにも神聖なものである」[527]。同じ倫理的なパースペクティブから、「行為をするものがその行為は不正だと考えている場合には、いくら正しい行為であっても不正なものになる」[528]。

しかしながら、「自分や自分の臣民のために何らかの利益を引き出すことができさえすれば」、君主は戦争をする権利があり、また、敵すなわち「誰であれ友人や盟友でない者」[529]とだけ戦争をする限り、それはやはり十分にりっぱなことである、とデカルトは認める。なぜならば、「君主間の正義と個人間の正義には別の境界があり、これらが衝突した場合、神は力を与える側に権利も与えるように思われるからである」[530]。この告白はかなり当惑的なものであり、デカルトは、正当な君主は幻想を持たずに弱い隣人と緊密な同盟を持たないように忠告する。というのも、「自分は誠実であろうとしても、相手にも同じことを期待するべきではなく、そこに相手の利益が見出されるたびにそれによって欺かれかねないことを考慮すべきだからである」[531]

臣民について言えば、君主は、自分の敵である「大貴族」が「国家を乱すようであれば」[532]その力を弱めなければならない。それがまさしくリシリューの政治であり、これによってあらかじめフロンドの乱は断罪されるのである。だが、何よりも人々の憎悪と軽蔑を避けようと、デカルトは一連の具体的な忠告を与える。それによれば、何より必要になってくるのは、君主の行為が臣民から見て「正当な」[533]ことである。つまり、「君主が正義を臣下のやり方で（すなわち、彼らが慣れている法律にしたがって）正確に守ること。……また、君主は払われるべきと思われている名誉や尊敬を些かも失うことなく、それ以上は求めないこと」[534]である。そして、デカルトは習慣を尊重したほうが良いと考えているのだから、この教訓は暫定的道徳の第一規則に呼応しており、そのためつぎのような教訓から君主に対する第二の格律は置き換えられる。つまり、「多くの人たちの議論」に耳を傾けた後で、異論のある何らかの決心を君主がしてしまえば、君主は「軽薄で変節だ」[535]というよりも頑固だろう。というのも、「君主は万事ににらみを効かせることはできないから」[536]である。

このように臣下の是認を保持していれば、君主は臣下に不当な悪さえ受け入れさせることができるであろう。すなわち、「害悪を被らせている君主がいわばそうするよう強制されている場合、また君主もそのことに不快を感じていると信じている場合は、…辛抱強く我慢する…。というのも君主が個人の利益より公衆の利益を優先させることを正しいと見なすからです」[537]。また、「何が正しいかを異なる仕方で判断する二つの陣営を前にして、…一方にも他方にも何がしかのことを認めてやることは合理的であり、理性に耳を傾けることにあまり慣れていない人をいっぺんに理性的にさせようとしてはなりません」[538]。デカルトはここで公的な著述による、説教師による、「あるいは他の手段による」など、その広め方の重要性を語る―「民衆は正しいと納得できるものは何でも忍耐し、不正だと思うものはどんなものでも怒りを覚える」[539]から、これにはやり方によって曖昧さが出てくる。少なくとも、正義への民衆の渇きは本物であり、侵害そのものは「それを一種の不正と考えるがゆえにこそ憎むべきものであります」[540]。

したがって、こうした理想を満足させる最良の手段は、やはり真の正義を探究することである。そして、根からのデカルトの楽天主義はマキャベリが薦める策略に反発する。エリザベトはデカルトが強く非難した格率に一定の有用性を認めるだろう。「この世はあまりにも腐敗しているから、常に善行の人たろうとすれば破滅せずにはおられません」[541]。ただ凝り固まった狂信を批判して[542]、デカルトはつぎのように主張する。「善人とは真の理性が命じることならすべて行う人だと考えれば、確かに、常に善人たろうとすることは最善であります」[543]。

このようにデカルトは、君主の道徳と君主が到達可能な最高の知恵を分けることを拒否する。もし他者の狡猾さの考察によって一定の賢明さが不可欠になっても、また取るべき決定の複雑のために君主が暫定的道徳の格率の段階にしばしば留め置かれるとしても、君主はそれでもなお最も「合理的な」[544]ものを常に探さなくてはならない。また、その統治はそれを達成するほど善くなるであろう。

第五節

しかしながら、デカルトは、それぞれの特殊な事情によってもたらされる具体的な困難を誤解しているわけではない。デカルトは、大貴族であるという制約が彼らに知恵への接近をいっそう困難にすることを知っている[545]。したがって、廃位された王妃の運命から、他の支配者に働きかけてみようという気持ちがいかになくなっているかをデカルトは、エリザベトに示す。すなわち、港の静寂の内では、難破の記憶は消える。「他の仕方で港に入る場合に劣らず満足するべきです」[546]。

権力の威信を前にした超然たる姿勢は、ウエストファリア条約後のその考察にも表れている。内奥部と選帝の資格がバイエルン公によって保持されていたので、エリザベトの兄は、プファルツ地方南部しか獲得しなかった。既遂の事実を前に(「結論が停止されるているとき」)デカルトは、再び「慎重さ」[547]を奨励する。すなわち、その「権利」[548]はもはや問題ではなく、自国を維持しすべてを失わないために、「力」[549]がまさに与えたいとするものを受け取ることである。「力を有する国だけでお互いに妥協するなら、第三国におそらく返還したくなかったものを自分たちの間で山分けする理由を見出すことは容易です。返還するのはただお互い同士の恐らく嫉妬によってのみであり、また戦利品で富んだ国が強くなり過ぎないようにするためだけなのです」。[550] 最も鋭い反省がこのように純粋な道徳とはおよそ異質の歴史的偶然事に向けられている。

だが、哲学はまた自分が持っているもので満足することも教える。[551] また、デカルトは、あたかも公女が自国とは単なる個人以上のつながりはないかのように、自分自身のこんな例を想起する。「同じ安息」が見つかるのであれば、「私としては、住む所に執着しません」。[552]

というのも、デカルトが実際に送った生活がその道徳を確証するからである。デカルトを最も完全な高邁のモデルにまでもっていかなくとも、[553] われわれは献身的友人として、慈愛の籠った隣人として、[554] その側近の人の才能を開花させる注意深い師として、[555] わけても全面的に真理探究に身を捧げた師としてのデカルトを発見する。居住地としてオランダを選ぶわけは、煩わしい人間や俗的でうわべだけの関係を上手に避けるためである。デカルトは、その地で平和と全面的な自由を享受していた。少なくともいく人かの牧師との論争で休息を乱されて社会生活へのつぎのような格率を再び語るようになるまでは。「自分が住んでいる国の平穏や安泰に微力でも貢献することは、各人の義務に属する」。[556]

哲学を天職とすることを最良のこととして選ぶ前に、デカルトは、この人生の善は常に悪を超えているという自分の考えを明確にするために、エリザベトへの手紙で言及するのと同じく、評価に取り掛からねばならなかった。[557] そして、一六四七年の「後世」[558] への弁明と同じく、デカルトの一六三七年（『方法序説』、第六部）の躊躇が示しているのは、真理を配慮することにすべてを置こうと決意した後でさえ、デカルトが孤独な研究と国の援助を受けての協力者の仲間の指導とを選択しながら、未だに個人の良心の問題を解決しなくてはならなかったことである。つまり、人間に有用な存在義務、だがまた最良の仕事をするために必要な静寂、彼の助手たちが従わなくなるという懸念、また自分への評価に見劣りしてはならないという懸念が、ここでデカルトを突き動かした。

それはやはり、虚しい論争で時間を喪失することを避けたいという願望であり、論争によってデカルトは、自分の思想をときには慎重に開陳するようになっていった。だが、デカルトが自分のすべての行為の率直さや素直さをふだんから観察してそれらを引き合いに出す場合、その根本的な誠実さについては争う余地がない。[559] つまり、女中の子を持ったことを正当だとするとき、[560] あるいはスウェーデンのクリスティナとの対話で宮廷人の丁重さと哲学者としての独立を調和するとき、[561] デカルトは、「自分の人生の行為でもっとも順守」[562] したつぎのような「格率」を常に適用する。「…術策の大要は術策を用いようなどとおよそ思わないことであります」[563]。

ところで、このことはやはりデカルトの理想の君主の考え方に一致する。理性によって行動する者は、自分の側で情念の運動を支配して他人の情念の運動を予測し、悪より善をなすほうが常にわれわれの「利益」[564]になることを認める。人が利益へと駆り立てられるのではなく純粋な慈善によるのであれば、それによる恩恵があるし、また人が一般的な善の配慮だけで行動すれば、さらにいっそう完全な満足を享受するからである。

結論　よく判断することとできうる限りよく判断をすること

第一節

デカルトの道徳は、個人のいろんな境遇や社会の諸々の出来事に直面すると、いくつかの一般的原理からそれぞれのケースで不可疑の結論を演繹できるような普遍的「知」であることを断念するのだろうか。魂と身体の複合というわれわれの特殊な「本性」を研究してから、デカルトは自然学から引き出される機械論的医学を単純に応用するわけにはいかなくなり、二つの要素の複雑な相互作用をいっそううまく区別するのに経験の助けを借りなければならなくなる。そして、陽気な気持ちですることは悲しい気持ちのときよりうまくいくことを示しながら[565]、やはり迷信的な解釈すべてを警戒しつつ、躊躇せず「無数の経験」を尊重する。そして、デカルトはつぎのように結論する。「人生の重要な行為については、非常に曖昧でどうしていいか賢慮も教えてくれないときは、自分の霊の忠告に従う大きな理由があるように思われます[566]。また、われわれがいやいやながらでなくたいていは喜んで自由に行うことは、かならずとてもうまくいくと強く確信することは有用だと思われます」。[567]

「賢慮」でもうまくいかないなら、暫定的道徳の実践的忠告に対応するものでは、やはりこの知恵には到達できないと告げられているのではないだろうか。この知恵は「単に処世に関わる賢慮でなく、人間が・・・知ることのできるすべての事柄の完全な認識であるのだから」。[568]

だが正確には、先の留保は、『精神指導の規則』いらいデカルトが人間的な知恵だけを目指してきたことを想起させる。そして、『哲学原理』の序文はそのすぐ後でつぎのように追求している。「神だけが完全にして賢明で、万物のあらゆる真理を認識している。しかし、人間は重要な真理を多少なりとも認識しているぶん、多少なりとも知恵は有している」[569]と言える。すでに第四省察では、人間的悟性の有限さが神の絶対に対置されている。神のみが、「知識と知恵というすべての宝」[570]を内にもっており、デカルトが繰り返し主張するわれわれの精神のこの限界は、神の存在の論証の中心軸として役立っている。それゆえ、道徳についての手紙が、「人間の本性は全知ではない」[571]と繰り返す時、それは形而上学的本質による抗しがたい事実であり、しかもそうした限界を記す同じ序文で、デカルトは絶対知の結論としての・・・「最も完全な道徳」[572]を考えているわけではない。

とはいえ、デカルトの道徳は、「理性が勧めるだろうことはすべて遂行し」[573]ようとする。また、一一月の打ち明け話は、「人生の重大な行為」[573]にかかわりがあっても、いささかも理想を表現してはいない。すなわち、思索と同じく行動において、以下の句に見られるように、デカルトは常に「疑わしいもの」を減らそうとし感情や本能を讃えない。「したがって自然だと思われる諸傾向からすると、徳と悪徳の選択が問題となった場合、しばしば私が気づいたことは、自然的諸傾向が私を善よりも悪にも向かわせたことである」[575]。したがって、それらは制御した方が良い。

第二節

だが、知の対象が問題となるときには、デカルトにとって科学と道徳を根底から区別するものは、真理と誤謬の中間が無いという点である。すなわち、「真理は存在としてある」[576]。客観的対象への接近を保証してくれる明証性が不在の場合は、それゆえ、「自分の意志をその認識の限界内に保持しなければならない」[577]。したがって、懐疑は判断停止を要求し、同意は「自然の光」[578]に合致していなければならない。自然の光は「真と偽を区別する能力」[579]、言い換えれば「理性」ないし「正しく判断する能力」[580]と同一だからである。

しかしながら、『方法序説』の第三部ではこう結論されている。「よく行為するにはよく判断するだけで十分であり、また自己の最善をつくすには、つまりすべての徳とわれわれが獲得できるであろう他のすべての善を共に獲得するためには、できうる限りよく判断をするだけ十分である」[581]。デカルトは「自分に可能であろう全知識の獲得が確かなものだと考えているのだから」[582]、善の判断と「よく判断する」ことの連続性は、学と徳との征服に向けて力動的なパースペクティブにかかわっている。すなわち、最後の留保によって、人間の知識の限界や、また探究が達成される前に中断されるような偶発事の働きが考えられている。[583]

だが、まさしく行為は、たとえその確実な知がわれわれ自身によって、あるいは他の世代によって後から獲得されるだろうという確信によってであっても、すべての学の包括的知識を待っているわけにはいかない。「重要なことを企てる前に時間をかけて熟考するというのは十分に正しいことだと私も認めます」[584]とデカルトは言う。そして、「その遂行に猶予がある」さいは、「それについて何らかの判断を直ぐにすることはさし控えなければならない」[585]すなわち、先入見を前にした場合と同じく、情念と想像力の強い力を前にした意志の最初の運動は、「反対の理由」[586]の助けを借りて判断停止をすることである。ただ、しばしば「即座に決断する必要がある」[587]。要するに、「ある事態が始まって、主要な点が一致しているなら、条件を巡って論争して先延ばしをすることに何か利益があるとは思えない」。[588] 性急さは常に有害であるにしても、不決断もやはり有害である。[589] すなわち、「われわれが確かな論証を持ちえないにせよ、行動することが問題となる場合、けっして不決断に陥らないようにするためには、行おうとする事柄に関して少なくとも態度を決め一番もっともらしく思える意見を採用しなければなりません」。[590] 真実らしさは、誇張的懐疑によって誤りであると反駁され、唯一の真理の確たる性質が明白になるが、判断停止はわれわれの行為にとってはしばしば最悪の選択となろう。すなわち、不確かであっても一定の方向に向かわなければ森で死ぬかもしれない旅行者の選択がそうであり、あるいは、食べることができる…ことを確信しようとすべての食べ物を分析する前に、飢餓による衰弱で死ぬかもしれないような選択である。[591]

第三節

行為することが要求される場合、このように、全体としての不確実性と行わねばならないことをすべてを認識することとの間にある段階的蓋然性が付いてまわる。すなわち、最も完全な道徳は、この完成された知を前提にするであろう限り、理想でしかありえない。またエリザベトへの実践的な忠告には、当面は活用できはしても「より良い道徳を未だ知らない間は暫定的に従いうるような未完成の道徳」[592]に特徴的ないくつかの要素が備わっている。

しかしながら、デカルトが一六四五年八月四日の手紙で「『方法序説』で設定した道徳の三規則…」[593]を指示してはいるものの、それを文字通りに取り上げ直しているわけではない。なぜなら学を基礎づける形而上学的企てに先立つ『方法序説』の段階を、体系が次第に構築されるさいに存続する暫定的なものであると全面的に見なすことはできないからである。また、われわれの知の決定的な限界とその点とをやはり区別しなければならない。そうした限界ゆえに、一般原理からおのおのの場合に従うべき特殊的諸様態を全面的に演繹することができないのである。

だが、不確実のさまざまな原因はそれに近接する結果が伴う。すなわち、迷った旅人の例によって「暫定的な」第二の格率が説明される。料理に毒が入っていないことを確認できず自分の食欲を信じて食べなければならない人の例は、『省察』の出版と時を同じくする。[594]つまり、そうした例によってデカルトが「証明する」のは、生活の行動のためには「知識の獲得において得られる確実さと同じように大きな確実さ」[595]を期待できないことである。生活の行動は人間的複合体の本性上、アプリオリであると同時に、[596]判断停止によっては好ましくない結果が生まれるかもしれないというアポステリオリでもある。[597]

デカルトの最後の著作が新しい例を使って示しているのは、他者の行為の予見不可能性が更にどのようにして介在してくるかである。[598]悪しき衝動の特質と強さを認識すると、それらを互いに出合わせる王は、敵同士の二人の決闘者が互いに戦うだろうと恐らく考えるだろう。[599]逆に、もしすべての人が「完全に賢明」であれば、[600]理性によって同じように行動するだろうことがあらかじめ分かろう。「やはりまだそれで十分というわけではありません。彼らには、その上、自分の自由意志があるからで」、その意志は訂正も不履行も常に可能であるからです。[601]

神だけが衝突する複雑な因果連鎖を解き、われわれの自由を制限せずにその決定を予見する。したがって、「人生のさまざまな機会に善を選択しなければならないとき、われわれはあらゆる善を完全に知るための無限の知識を持ってはいないにしても、一番必要な点についてはほどほどの知識を所有することで満足しなければならないように思われます」。[602]

そういうわけで、一六四五年八月四日に語られた規則は、『省察』以降妥当とされた「理性」がいたる所で最も良識的な最も蓋然的な見解に置き換わり、『方法序説』の規則とある親縁性を保っている。[603]常に善く判断することは不可能なだけに、すでに『方法序説』の第三部で述べられているように、われわれはできるだけよく判断するよう強いられるからである。そして、第一の規則が取り上げ直すこと、それはすなわち、「人生のあらゆる機会に何をなすべきか、何をなさざるべきかを知るために、常にできるだけよく自分の精神を使用するように努めるべき」[604]ことである。第二の規則は、「理性が忠告するだろうことをすべて実行する固い決意」[605]を要求する。これに対して第三の規則は、「理性が命じることすべてを常になすならば」[606]、虚しい心残りは圧しとどめられる。『方法序説』以来、たしかに、われわれは自分の思惟の陶冶には責任があった。すなわち、避けようもない無知だけが一時的に心残りを除去してはくれた。だが、自分の決意が「真理の認識に基づいて」いれば、当然のことながら「その誤りを知ると」[607]誤った意見に従ったことを悔いることになる。逆に、「最善と判断したすべてのことを怠らずになしたと、自分の良心に咎められない生き方をした者は誰でも」[608]、確かな満足を得る。

第四節

ところで、この同じ『情念論』が、情念の研究の最後で躊躇なく「知恵」[609]について語る。そしてわれわれが見てきたように、その「主要な部分」[610]の一つが、「最良だと判断することを、それは完全に徳に従うことであるが」[611]すべてなすように自己義務化することが高邁である、という定義の準備にかかわってくる。すなわち、人間にとっての完全さとは、それゆえ、より良いのものに甘んじることであって、これは絶対的善を直接知ることの無力の裏面である。常にそれは、絶えず増大する知へ向かい、われわれに依存しない部分をそれだけ減ずるような「人間的知恵」[612]である。そしてそれは、『哲学原理』の書簡体の献辞におけるとまさしく同一の「知恵」である。すなわち、この「知恵」は「完全な」[613]徳を包括し、「善の認識」[614]だけから生じるが、各人にとってより良いものという原理によって各人に規則立てられており、「自己の本性がそうあることを許す限り真に知者である」[615]ことを目的とする。

デカルトの著作から引き出される道徳は、形而上学の最も重要な真理、自然学のいくつかの原理、人間の生理学的諸機能の記述、情念の心理学を同時に利用している。この道徳は、恐らくデカルトがもっと長く、あるいは別の時代に、別の知識を持って生きていたなら、できあがったであろうほどには「完全な」[616]もの、つまり完成されたものではない。この道徳は、しかしながら、直線的な結びつきによって全面的に演繹されていなくても、前提とするさまざまな知とのかかわりで、デカルトの反省が最良の形で規定するものにすでに呼応している。

人間は「ただ一つの全体」であるから、しかしまた異質な魂と身体で複合されているのだから、この複雑な存在の陶冶は、その霊的本性、世界における状況、身体を統治する機械的法則、そしてこの人生の喜びを作る特殊な感情的色づけを持った二つの要素の結合によって体験される経験を、それぞれ考慮して行われる。そして、機械論的な医学が不十分なことが明らかになると、やはり理性によって、自然的な衝動と経験とにいくぶんかの妥当性が見出される。[617]

したがって、道徳は自然学の条件と類似の条件に従う。自然学も全面的に演繹的ではない。具体物は複雑なため、「多くの特殊な実験を利用し」て、「結果から原因へと至る」[618]必要がある。われわれの行動を導く原因は、確かにこれと同じ秩序に属してはいない。だが、道徳が「われわれの習俗を統御するのに十分で、また、生活の行動についてはまったく疑う習慣を持たない学問と同じように偉大な」[619]学問に属するという点で、この学の最終的な結論の確実さはまた「道徳」と呼ばれる。

第五節

それゆえ、疑わしいものをどんなに注意して取り除いても、われわれの行動のさいには、人間的状況、出来事の複合性、行為の要求などについての鋭敏な感覚では、リスク因子が残されたままになる。

そういうわけでデカルトは、人が首尾よく決心をしたか否かということより意図の正しさにいっそう多くの価値を認める。つまり、われわれが最大限はっきり分かっていると考えるものに従ったならば、「物事が、後でわれわれが間違っていたと分かったとしても、それは何らわれわれの誤りではないのだから、後悔する理由」[620]はけっしてないであろう。デカルトによって取り上げ直された伝統的な格言によれば、[621]誤りは無知に帰すべきであるが、それに打ち勝つためにできうることすべてを行ったのであれば無知は許されうる。真の判断は、あらかじめいくつかの道徳的な特質を要求し、[622]最良の判断はわれわれが自由にできる手段に応じてこの上なく明瞭になる。

したがって、「主要なもの」[623]たる理性の善用と同じく自由意志の善用はそのまったき完成となり、それによって悟性と意志、真の善の認識と不抜の同意とが結合される。すなわち、純粋な知性主義でも自由意志による主意主義でもなく、「正しく判断する」[624]という、でなくとも最善の判断というデカルト的道徳が要求するのは、用心深い絶えざる注意と大きく力強い決意である。そして、それらをいつでも使えるようにしておくためには、それらを習慣的なものにしてわれわれの本性となるように根づかせなければならない。有徳な人は、各人の内に眠っている潜在性を、いつでも現実態に移行するよう待ち受ける積極的な能力にする。

そういうわけで、理性ないし正しく判断する能力、また判断全体を下す自由な意志は、デカルトにとって同じように人間特有の性質[625]で、これが人間を権利上は平等にしているものの、また多かれ少なかれその完全な行使の多少によって人格的価値に差が出て来る。

したがって、デカルトは至高善としてときに良識、ときに知恵、ときに自由を立てうる。『精神指導の規則』の第一規則によれば、第二義的なすべての善は、それらと良識ないし普遍的な知恵との関係でしか評価してはならない[626]。一六四五年六月のエリザベト宛書簡は、再びつぎのように主張する。「良識を除いて世界には人が良いと絶対的に名づけることができるようないかなる善もないのだから、良識を持っていて利益を引き出すことができないようないかなる悪もありません」[627]。また、一六四七年の序文では、これ以上ないほど物質的な幸福に満たされながら、「もっと崇高な他の善…」を熱望する者の不満足さが引き合いに出されている。「…しかるに、信仰の光なしに自然的理性によって考えられたこの最高の善は、第一の原因による真理認識に他ならない。すなわちそれは知恵であって、哲学はその研究である」[629]。それゆえ、同じ年のクリスティナ宛書簡との間に相違がありうるだろうか。そこでは最高の善が、「善をなす堅固な意志として、またそれが作り出す満足として」[630]成立しているのだろうか。

強調点の差異をよく確認しなければならない。すなわち最終的な定義によれば、「知ることはしばしばわれわれの力を超える」[631]ことがあっても、われわれの能力のうちに絶対的にあるものだけが引き出されて来る。だが、「自由意志の善用」[632]と「すべての知恵、すべての良識、すべての人間的知恵を含む理性の真の用い方」[633]との間には、いかなる対立もない。

第六節

この「最高善」[634]だけが、絶対的でありかつ相対的である。自由意志と良識は全面的に各人の内にあるのだから、原理的には絶対的である。また完全さは、明証を前にした自由意志と良識との合致からなる。「なぜならば、もし私が常に明晰に真でありかつ善であるものを認識しているなら、いかなる判断をなすべきか、いかなる選択をするべきか苦労しないであろうから」[635]。しかも、道徳的生活はこうした選択を通して展開され、各人にとっての最高善は善意志全体が到達できる最大限度の認識である。

最良の判断とは、それゆえ、あらゆる世代にわたって同じものではない。技術の進歩や、医学や、心理―生理学よって得られるものは、そうした知を「他者の善」[636]へと向かわせるのであれば、知恵への奉仕となろう。この善はまた、知性の限界、魂の力、身体の構成との関係でも、個人によって違いが出て来る。また、「正しく振舞おうとする不断の意志と、そして学習というきわめて特殊な配慮をもつ優れた精神を持っている人は、疑いもなく他の人よりいっそう高い知恵の段階に達する」[637]。だが、最も高邁な人でさえ、知恵は決して完成されはしない。確かに理想的には、「悟性が意志に人生のそれぞれの場合すべてで何を選ぶ必要があるかを示す」[638]ことである。しかしながら、「考える時間が十分ある時のようにすぐに的確に判断すること」[639]は不可能である。すなわち、びっくりするようなできごとに対しては準備し自己鍛錬をしておかなければならないし、[640]「全人的」[641]な教育が、したがって精神の涵養を完成する。

批判—反省によって、それゆえ、知恵の多くの段階が数え上げられる。これは、神が保持する絶対的無謬性に対して知恵の不十分さが測られるからである。だが、自己の理性を最良の形で行使しその結論に意志の力すべてをもって同意する以上、各人は、真理への自己の現在の到達可能性に応じて、最高の知恵すなわち自分にとって完全であるものに到達する。魂は「こうしてそのことに満足している」[642]。この言葉は、デカルトには馴染み深いものである。[643]まさにこれが意味するところは、魂はより良いもので「満足し」[644]なければならないということである。より良いものとは、劣った存在と絶対的真理を規定する存在への全面的合致との間の進捗の徴である。

それぞれの段階には、それゆえ、それぞれ固有の喜びがあり、その喜びは人間を善意志で満たすのに十分である。「満足」、「充足」[645]は、不揃いの高さの花瓶の隠喩によって説明される微妙な意味をよく表している。「小さな器には、少ない液体しか入らなくても大きいものと同じく一杯になる。それと同じように、各人の満足を理性によって統御された欲望の充足や達成と取れば、どんなに貧しく運命や自然からいかに見放された者であっても、たとえそんなに多くの善を享受していなくとも他の人と同じように全面的に満足し充足されることを私は全く疑いません」[646]。

それは、しかしながらごく些細なことではない。弱い魂だけが、「三滴の水でいっぱいにできるような小さな器である」[647]。高邁は計算することを拒み、魂が「より善くより大なるものに絶えず向かってそれを切望する」[648]自由を、無限に伸長させる。「われわれの本性の欠陥や弱さ」[649]を表す無知は、こうした切望の裏面に他ならない。そういうわけで、哲学が探究する知恵は、健康、感覚的快あるいは正当な名誉感の魅惑を顧みないのではなく、こうした二義的な善をすべて、真理を瞑想する幸福、「この人生における唯一のほとんど唯一の、完全であろう浄福、いかなる苦しみにも乱されない浄福」[650]に従属させる。

原注および訳注

著者によるアダン・タンヌリ版の頁の記載の後の、〈〉括弧内の日本語による出典指示は、訳者が付したものであってテキストにはない。また、文頭に＊が付いた注および文は、訳者が記入したものである。デカルトの著作については左記の邦訳書を参照したが、本文の流れによって変更を加えた場合もある。

『精神指導の規則』野田又夫訳、岩波文庫、一九九四年
『方法序説』谷川多佳子訳、岩波文庫、二〇〇四年
『哲学原理』桂寿一訳、岩波文庫、二〇二二年
『情念論』野田又夫訳、中央クラシックス所収、二〇〇二年
『省察』井上庄七・森啓訳、中央クラシックス所収、二〇〇二年
デカルト全書簡集1～8巻、知泉書院
　書簡の指示箇所を示す場合、〈巻数―頁〉の順で記載してある。
デカルト著作集、白水社、一九七七年

序

第一節

1 VI, 10〈『方法序説』18頁〉
これらの出典はアダン・タンヌリ版デカルト全集11巻中の、ローマ数字は巻数、アラビア数字は頁を示す。

2 VI, 8〈『方法序説』15頁〉

3 V, 178〈『ビュルマンとの対話』〉

4 IV, 536–537〈シャニュ宛書簡〉1646年11月1日〈7–176頁〉。懐疑を拒絶したために懐疑主義だと非難され、また神の存在を証明したために無神論だと非難され、デカルトはいつも攻撃されることになる。たとえ、彼が、「宗教に最も合致した見解を打ち立てようと、国家の利益に最も有益な見解を打ち立てようと」。多くの激しい反応を引き起こす材料について新たな論争を避けるために、デカルトは、誰にでもあまりにもよく知られているのに自分自身は知らずに死に至る者を悲しんだセネカのいくつかの詩句を、教訓として取り上げる。ソクラテスの標語、「汝自身を知れ」は、ここでは一般的な格言、「幸福に生きるために隠れて生きよ」と合体する。デカルトはそれらを、オイデウスに拠る教訓として1634年4月、I, 286のメルセンヌ宛書簡で引用する。

5 二つの注釈的研究〈『デカルト、仮面の哲学者』、リデル、1929年と『社会的デカルト』、ヴラン、1931年〉においてマキシム・ルロワは、このヒューマニズムの革命的な性格を強調し、迫害を恐れて隠されているが、デカルトの作品全体を通して不信心の徴が見えると考えた・・・。

6 普遍的な善に貢献するための出版の「責務」（VI, 61）が、バイエが報告したクレルスリエの証言にいかに合致しているかを、エチエンヌ・ジルソンは『方法序説註解』（444–445頁）で示している。ベリュールは、医学や機械学に専心してもその省察の成果から人間が欠落しないようデカルトを導いた。

7　XI, 326〈エリザベト宛書簡 1649年8月14日、『哲学原理』の扉の書簡〉

8　a.212〈『情念論』212項、313項〉

9　IX, B, 5〈『哲学原理』24頁〉

10　IX, B, 14〈『哲学原理』24頁〉

11　IV, 265 エリザベト宛書簡 1645年8月4日

12　第1版、1667年パリ、1690年の再版はいっそう広まっていて、われわれが折に触れて引用するのはこの版である。図書館の目録にはマルブランシュの同時代のオラトリオ会会員、アムリヌ神父の名前の著作がある。だが、グイエ氏は〈『マルブランシュの使命』71–72の注〉この作者指定がいかに反論可能かを示した。デカルトの多くの章句を文学的な形でしばしば繰り返しているにもかかわらず、また原罪と恩寵の必要を無視せよと繰り返し主張しているにもかかわらず（序文, 1.I, c.3, 等）、著者ラ・フォルジュはデカルトの哲学とは無縁な考察をいくどとなく延々と詳述している。

第二節

13　ボルドー会議における T・リュイセンの発表の副題および主題、「科学と知恵」1950年、235–238頁。著者は、1637年以来デカルトが高邁に没頭しているとしているが、いかにして「三つの道徳」と並置されるか、あるいは対立するかは規定していない。

14　〈エリザベトのデカルト宛書簡〉1646年4月25日、『情念論』の最初の手稿についてデカルトに感謝して、エリザベトは、「道徳の部分」には非常に満足していると述べた（IV, 404）。だが、出版に当って行われた書き換えがどの程度の重みをもつかはわかっていない。

15　M・ゲルー『理由の秩序によるデカルト』t.II, c.19–20を参照。ある意味で情念の科学にはその独自のかつ全面的な確実性があり、別の意味では「機械論的な医学によって全面的に制御される精密科学に依拠する最高ではあるが実現不可能な道徳の観念」（p.255）にとって代わられる。そして、情念の科学は暫定的道徳と合体する。すなわち、最良の可能的判断の原理を全面的に統合して、情念の科学は絶対的に確実な道徳という要求を断念する。

第三節

16　デカルトの解釈は、わけても道徳に関する点では非常に多数あり、しばしば多面的で、どのテキストの「組み立て方」も討論や読者の独自の判断を生産的な形で呼び起こす。作品に直接依拠したいっそう深化された研究を可能にするように、引用には必要不可欠な出典指示がしてあり、注にはある種のテクニカルな規定を行っている。

17　IV, 220 エリザベト宛書簡 1645年5月または6月〈6–267頁〉

18　III, 692–693 エリザベト宛書簡 1643年6月28日〈5–302頁〉

19　ib.

＊20　IX–2, 3『哲学原理』13頁

＊21　IX–2, 3『哲学原理』13頁

*22 IX-2, 3『哲学原理』13頁
23 IX, B, 3-4〈『哲学原理』13頁〉

第一章

第一節

24 『思索私記』の最初の句、「私は仮面を付けて進む」(X, 213)〈ベークマン宛書簡 1619年3月26日、1-7頁〉は、おそらく、その独自の思想と周囲の人との隔たりの感覚に関連づける必要があろう。
25 X, 157 ベークマン宛書簡 1619年3月26日ラテン語〈1-7頁〉。
26 X, 217 ラテン語〈『思索私記』〉
27 VI, 4〈『方法序説』11頁〉
28 VI, 3〈『方法序説』10頁〉
*29 モンテーニュ『エセー』26章

30　VI, 7〈『方法序説』15頁〉

31　VI, 7〈『方法序説』15頁〉

＊32　X, 182『オリュンピカ』

＊33　X, 184『オリュンピカ』

＊34　X, 184『オリュンピカ』

35　X, 185 バイエによって報告されているデカルトの注釈

36　X, 217のラテン語断片を参照　それは学問の種子を持っている。バイエによる『デカルト伝』は、同じような断片の中で、「知恵の種子」について語る。また、『方法序説』でデカルトは、その原理を「われわれの魂に自然に備わっているある種の真理の種子からのみ引き出したと言うであろう（VI, 64）〈『方法序説』第六部、84頁〉。

37　X, 179〈『オリュンピカ』〉

38　VI, 7〈『方法序説』〉

39　ib.〈『方法序説』14頁〉

40　X, 191〈『良識の研究』〉

41　VI, 2〈『方法序説』8頁〉

42　『精神指導の規則』と最も弱い精神の「訓練」に対しては『情念論』50項〈183, 184頁〉を参照。判断力と善く判断する力のうちには、知性と意志の協力が見られるであろう。

43　X, 360 ラテン語〈『精神指導の規則』9頁〉

第二節

44　X, 395『精神指導の規則』8則。「真剣に努力するものは良識に達する」。「良識の研究」のタイトル参照。それを「知恵の訓練」または「良識の涵養」とすることができよう。ル・ロワ（Boivin）とシルヴィヤン（Vrin）の『精神指導の規則』の翻訳では、同じように次のようになっている。「知恵に至ることに真剣に努力するすべての人びと」。

45　IV, 695 エリザベト宛書簡 1643年6月28日〈5-303頁〉

46　IX, 13『省察』一〈『省察』第一省察23頁〉

47　VI, 31〈『方法序説』45頁〉

48　VI, 27〈『方法序説』39頁〉

49　VI, 22〈『方法序説』34頁〉

＊50　VI, 22『方法序説』34頁

51　ib. 第三部の表題〈『方法序説』18頁〉

52　同時代の演劇ではこうした幻想ものが好んで上演されていた。J・ルセ『バロック時代の文学』67–74頁を参照。『自然の光による真理探究』という未完の対話のデカルトの代弁者は（X, 511）正直な人に、「あなたは喜劇の中のこうした驚きの言葉、『徹夜をするかそれとも眠るか』をまったく聞いたことがありませんか」と問いかける。

53　1629年のフリズの北の孤独な隠棲での最初の9ヵ月で、デカルトは魂と神についての形而上学的真理の証明に、「幾何学の証明よりいっそう明白なやり方で」没頭した（I, 144　メルセンヌ宛書簡 1630年4月15日）。だが、アルキエ氏は、悪霊の仮説は『方法序説』には現れないのだから、デカルトがその時いらい『省察』におけると同じように正確に懐疑の議論を仕上げてしまっていたということに疑義を呈する〈『デカルトにおける人間の形而上学的発見』P.U.F.1950, ch. 5 et 7〉。

54　XI, 16〈『省察』第一省察〉

55　1629年にデカルトは、フラネッケルで小さな城を宿としていた。その城は都市の残りの部分から濠で隔てられていて安全にミサを行っていた（I, 129 メルセンヌ宛書簡 1630年3月18日）。オランダでのカトリック信仰は当時公的な儀式を取り行うことができなかったからである。

56　VI, 22–23〈『方法序説』34頁〉

57　VI, 23〈『方法序説』34頁〉

58　信仰は「神の贈り物」（IX, 4）〈『省察』4頁〉でその固有の光を持つ。デカルトはその真理を「別に」しておく（VI, 28）〈『方法序説』41頁〉。だが理性はその基礎を確証する（IX, 4-8『省察』の献呈書簡）。グイエの『デカルトの宗教思想』第二部を参照。

59　ib.〈『方法序説』34頁〉

60　ib.〈『方法序説』34頁〉

61　〈モンテーニュ〉『エセー』l.II, c.13。ジルソンが引用しているくだり『注釈…』173頁および236頁を参照。

62　デカルトはそこには寛容が見出されると信じていたが、教皇第一主義や無神論と非難されると、彼のような若きフランス人が血を流してオランダから異端審問所をなくそうとした時代のことに言及するであろう。（V, 25-26）、セルヴィアン宛書簡 1647年5月12日を参照。事実、デカルトが1618年にオランニェ公の軍隊に従軍した時、1609年以来スペインと休戦していた。

63　Ire p., VI, 9〈『方法序説』第一部、17頁〉

64　VI, 10〈『方法序説』18頁〉

65　VI, 23〈『方法序説』35頁〉

66　VI, 23〈『方法序説』35頁〉

67　ib.〈『方法序説』35頁〉

68　1re p., VI, 8〈『方法序説』第一部、16頁〉

69　VI, 24〈『方法序説』36頁〉

第三節

70　ib.〈『方法序説』36頁〉

71　VI, 25〈『方法序説』37頁〉

72　『情念論』170項〈『情念論』281頁〉

*73　VI, 25『方法序説』36頁

*74　VI, 25『方法序説』36頁

*75　VI, 25『方法序説』37頁

76　III, 423 イペラスピスト宛書簡、1641年4月、ラテン語

77　VI, 25〈『方法序説』37頁〉

第四節

78 ib.〈『方法序説』38頁〉

79 『情念論』146項〈『情念論』258頁〉

80 『情念論』146項〈『情念論』258頁〉

81 VI, 25〈『方法序説』37頁〉

*82 『情念論』146項〈『情念論』258頁〉

83 『情念論』145項〈『情念論』258頁〉。デカルトは、しかしながら、この語を使い続ける、同書212項。IV, 529–530 エリザベト宛書簡 1646年12月を参照。

84 VI, 25 et 26〈『方法序説』38頁〉

85 『情念論』145項〈『情念論』256頁〉

86 VI, 26〈『方法序説』38頁〉

87 II, 37 レネリを介してポロ宛書簡 1638年3月〈2–221頁〉

* 1638年4月または5月

88　VI, 25〈『方法序説』38頁〉

89　I, 513 ポロからレネリを介してデカルト宛書簡、1638年2月〈2-79頁〉

90　II, 36（デカルトからXへ、1638年3月）

91　ib.（デカルトからXへ、1638年3月）

92　ib.（デカルトからXへ、1638年3月）

93　VI, 62『方法序説』第6部

94　「私は、『われわれから見ると』と『絶対に』の二つの語を一緒に結び付けた。批評家たちはそれらを互いに矛盾するものとして取り上げるだろうが、意味を理解すれば両者は合致する」（II, 36-37, X宛書簡 1638年3月）。

*95　VI, 25『方法序説』37頁

96　先に引用した『情念論』146項を参照。摂理の不動性でさえわれわれが「宿命に身を安らえる」〈XI, 446、『情念論』146項、258頁〉ことを許さない。この「怠惰な議論」は伝統的に運命の擁護者と対立してきたし、ストア派はすでにこうした結論を拒否していた。

97　VI, 28〈『方法序説』40頁〉

98　VI, 26-27〈『方法序説』〉

99　VI, 26〈『方法序説』39頁〉を参照、また、VI, 8〈『方法序説』15頁〉を参照「他のものにいかなる愛情」も持たない賢人を示している。この古代の徳は、「しばしば…無感覚や高慢や絶望や反逆罪でしかない」（古代ローマのストア派の有名な行為を示唆、つまり、カトの自殺、ブルートスによるシーザーの殺人…）。本書の三章でデカルトが情念をどのように復権させるかを見ていくであろう。

第五節

*100　VI, 27『方法序説』39頁

101　VI, 27〈『方法序説』39頁〉

102　『方法序説』のために予定された題目。メルセンヌ宛の1636年3月の書簡を参照。デカルトは最後にはそれを断念した（1.339 ホイヘンス宛書簡 1637年2月25日）。

103　VI,〈『方法序説』〉27 et 3°. X,361, 403『精神指導の規則』1則、10則、およびIX, B, 17『哲学原理』序文を参照。

104　VI,18〈『方法序説』28頁〉

105　IV,265 et 277（エリザベト宛書簡 1645年8月4日、および、エリザベト宛書簡 1645年、8月18日）

106　G・ロディス＝レヴィス、『デカルトによる個体性』、Vrin 1950年、五章を参照

第二章

第一節

107 VI, 61–62〈『方法序説』82頁〉
108 ib.〈『方法序説』82頁〉
*109 VI, 32『方法序説』46頁
110 VI, 38〈『方法序説』54頁〉
111 VI, 39〈『方法序説』55頁〉
112 VI, 41 第五部〈『方法序説』57頁〉。I, 144 メルセンヌ宛書簡 1630年4月15日〈1–128頁〉を参照。
113 IX, 111　第2答弁〈『省察』第2答弁、デカルト著作集2、白水社、1977年172頁〉
114 VI, 38〈『方法序説』54頁〉
115 VI, 40〈『方法序説』57頁〉

116　パスカルに負う語から由来するこの構想は（ブランシュビク版、『パンセ』断章77を参照）、リアール、アダン、ジルソン、ラベルトニエール、マリタン…で微妙な違いがある（デカルト研究50年の躍進、Revue philosophique, 1951, p.256-257を参照）。しかしながら、デカルトは、形而上学的体系化に専心して厳密な実証的実験にとどめおく同時代の機械論者たちを驚かせた。

117　X, 381『精神指導の規則』6則。IX, B, 2『哲学原理』序文を参照。

118　デカルトは内々にメルセンヌに語る。「ごく僅かではあってもごくささやかなこの形而上学は私の自然学のすべての原理を含んでいます」と（III, 233, メルセンヌ宛書簡 1640年11月11日、I, 144, 1630年4月15日を参照）。しかし、また「この論述は…神の栄光にかかわる」とも繰り返す（III, 127：ホイヘンス宛書簡 1640年7月30日、同じ日付けのメルセンヌ宛書簡およびソルボンヌの博士たちへの『省察』の献辞全体）。

119　IX, B, 14〈『哲学原理』24頁〉

120　IX, B, 17『哲学原理』を参照。1648年にデカルトは、「動物と人間の諸機能の記述」を開始していた（V, 112 エリザベト宛書簡 1648年1月31日）。これは、クレルスリエによって同じく未完成の『論考』の付録として出版された。彼はこれに『人間論』という題目を付けたが、これは『世界論』のつぎに来るデカルト哲学の生理学の最初の草稿であった。

121　ib.291〈エリザベト宛書簡 1645年9月15日、6-333頁〉。デカルトは、セネカの『善き生について』を注釈しながら道徳について文通を始めたのだった（〈エリザベト宛書簡〉1645年7月21日、8月4日と18日付け書簡）。だが、「従う価値のあるほど十分に正確な」（III, 264〈エリザベト宛書簡 1645年8月4日、6-273頁〉。273を参照）方法を見出さず、「自分の見解」（IV, 267〈エリザベト宛書簡 1645年8月4日〉およびIV, 274, 291）をそれに対置する。そのさい、完全な認識の原理（IX, B, 2〈『哲学原理』〉を参照）にしたがって満足の原因（III, 283〈メルセンヌ宛書簡〉）を分析し、「徳の行使を容易にしわれわれの欲求や情念を統御し、そうして自然な至福を享受するために知っておく必要のある主要な真理を探究する」（IIV, 267〈エリザベト宛書簡 1645年〉8月4日、また9月15日の手紙全体で展開される）。こうしてデカルトは、優れた著作家たちの読解によって豊かにされた知恵の第4の段階を超えて本質的真理の認識に依拠した最も高い道徳に着手する。

122 IV, 292 et 294エリザベト宛書簡 1645年9月15日〈6–336頁〉

第二節

123 IV, 291〈エリザベト宛書簡 1645年9月15日、6–336頁〉

*124 IV, 291 エリザベト宛書簡 1645年9月15日

125 『情念論』144項〈『情念論』254頁〉

126 a.145〈『情念論』145項256頁〉。146項参照

127 IX, 16–17〈『省察』29頁〉

*128 IX『省察』29頁

*129 IX–2, 20『省察』30頁

130 16世紀末の新ストア派は、運命を好意的な摂理に結び付けるために、この学派のいく人かの古代の人びとの教示をすでに発展させていた。

131 IX, 39〈『省察』29頁〉

132 IV, 314 エリザベト宛書簡 1645年10月6日〈2‒356頁〉

133 ib.〈エリザベト宛書簡 1645年10月6日、2‒356頁〉

134 IX, 45〈『省察』85頁〉

135 本書四章の高邁の研究を参照

136 IV, 323〈エリザベトのデカルト宛書簡〉1645年10月28日〈2‒361頁〉

137 IV, 333 エリザベト宛書簡 1645年11月3日〈2‒365頁〉

*138 エリザベト宛書簡 1645年11月30日

139 デカルトは、この予知能力を王の予想と比べる。王は、決闘を擁護し「誰も阻止できないほど互いに奮い立っている」(IV, 353‒354〈エリザベト宛書簡〉1646年1月〈7‒4頁〉)二人の貴族を出合わせる。だが、その比較は、各人が良き意志によって英雄的な努力をするという点でうまくいかない。神は少なくともそのことを予見していたであろう。というのも、神はわれわれの内にある肯定的なものすべてを欲し、なすからである。だが、「罪という悪は存在しないのだから、神はこれをまったく欲しない」(『哲学原理』第1部23項〈『哲学原理』51頁〉)。すなわち、たとえそれがわれわれには積極的な選択能力の表現であるにしても、拒絶は神の眼差しにあっては存在の欠陥である（同書37項）。

140　鎖の両端を持つことを薦めるボッスュエのように、デカルトはここではトマス派の解決に従う。ラポルトの『デカルトの合理主義』275–280頁を参照。

141　『哲学原理』第一部41項

142　『哲学原理』第一部37項　ラテン語テキストによる

143　XXXI, 10〈シラ書〉

第三節

144　IV, 291–292 エリザベト宛書簡 1645年9月15日〈2–334頁〉

145　a.80 et 83〈『情念論』80項および83項〉

146　a.80〈『情念論』80項202頁〉

147　『情念論』83項〈『情念論』205頁〉。IV,699 シャニュ宛書簡を参照。

148　IV,607–608〈シャニュ宛書簡〉これは王女によって立てられた第二の問いであった。デカルトはこう結論を下す。「われわれがわれわれの本性のただ一つの力によって神を真に愛することができることを、私はいささかも疑いません」〈IV,607, 608, シャニュ宛書簡 1647年2月1日 7–240頁〉。また、デカルトは、もしこの愛が恩寵なしに賞賛に値するのであれば、「神学者に…解決させる」〈IV ,608, シャニュ宛書簡 1647年2月1日、7–240頁〉。あらかじめデカルトは二つの反論を想起していた。すなわち神の超越、これに対してはデカルトは神と人間の間の一つの類縁性の発見によって答えることになる。また感覚的諸要素の必然性、これは知的愛から「情念」へと移行するために受肉の神秘によってキリスト教に持ち込まれた。しかしその作品を通して神の偉大さを観想することによって厳密に哲学的な次元で同じ情念が惹起される（同書、608–609）。

149 IV, 608〈シャニュ宛書簡 1647年2月1日、7–240頁〉

150 IX, 42 第三省察の最後〈『省察』 77頁〉

*151 IV, 608 シャニュ宛書簡 1647年2月1日、7–240頁

152 IV, 608〈シャニュ宛書簡 1647年2月1日、7–240頁〉

153 ib.

154 IX, 45〈『省察』〉。II, 628 メルセンヌ宛書簡 1639年12月25日を参照

155 V, 85 クリスティナ宛書簡 1647年11月20日〈7–336頁〉

156 IV, 608〈シャニュ宛書簡 1647年2月1日、7–240頁〉。『創世記』（III, 5）のテキストを参照。「人は善悪を知って神のようになるだろう」。デカルトは信仰に属する原罪の問題は常に脇に置いていた（「哲学者はただ自然と実際の状態にお

ける人間だけを、その諸原因から離れずに探究して考察する。というのもそのことは哲学者の力を超えるからである」(IV,178『ビュルマンとの対話』ラテン語)。だが人間のあるがままの本性の核心には常に認識へと向かう変わらぬ傾向がある。というのはこの点については人間は自分の限界を感じ取り、また自分の無償で自由な意志よってだけ自己の独自の価値を立てて、既得の価値と見なされる善悪を超えて自己を肯定するからである。

＊157 IV, 608, シャニュ宛書簡 1647年2月1日、7–240頁

158 IX, 41〈『省察』76頁〉

＊159 IX, 37–38〈『省察』第三省察〉

160 『デカルト』、ジュネーブ、1946（テキストの選択と「デカルトの自由」への序文、5–52頁）。特に 42頁～44頁を参照。

161 IX, 233 第6答弁〈『省察』、デカルト著作集2巻、白水社、1977年 494頁〉

162 IV, 609 シャニュ宛書簡〈1647年2月1日、2–240頁〉

第四節

163 この第4節はいっそうテクニカルないくつかの問題を提起するので、それについて初心者は以下の点を考慮しておくができる。すなわち、神についての省察はその力の無限をわれわれに発見させるので、いかに神が価値と出来事の源泉であるかを詳細にわたって認めることは不可能である。それゆえ、各人は幸福になることを望むというような、すべて

の人が認めるいくつかの原理の助けによっておのおの具体的な事実について反省することが必要である。だが、哲学者は「真理の認識」(IV, 291〈エリザベト宛書簡 1645年9月15日, 6-333頁〉)につねにしたがっているこの幸福が、感覚的な善によってどの程度獲得されるかを明確にしなければならない。

*164 IX, 46、『哲学原理』49項、68頁

165 XI, 32 第三省察。同書128, 第二答弁を参照

166 IX, 34-35〈『省察』第3省察〉

167 IV, 292(エリザベト宛書簡)1645年9月15日〈6-334頁〉

168 したがって、マルブランシュのような独立した弟子は永遠真理被造説を捨てて、神が働きかけるさいに用いる不動の「秩序」たる「完全さの支点」の合理的な解明に基づいて、その『道徳論』全体を基礎づける。すなわち、秩序はすべての知性の評価と愛を統御しなければならない(第一部 1章6節)。

169 IV, 293〈エリザベト宛書簡 1645年9月5日 6-334頁〉9月15日のこの手紙では、これは、デカルトの自然学が一掃する人間中心主義との関連で、われわれに固有の完全さの過度の評価にかかわっている。それは第3の真理で、以下(本書第6節)でそれへの他の影響を見て行くであろう。

170 IV, 293 エリザベト宛書簡 1645年9月15日〈6-334頁〉

171 デカルトは、まず数学的真理の創造について語る(I, 145〈メルセンヌ宛書簡〉1630年4月15日、I, 150〈メルセンス宛書簡〉5月6日を参照)。たとえば、円の半径の相等(I, 152〈メルセンス宛書簡〉5月27日)あるいは三角形の内角の

和（第6答弁、第6節、また『省察』に関する第5答弁、第1節を参照）。しかし、第6答弁はこれが「善と真」（IX, 233）〈『省察』デカルト著作集2第六答弁、白水社、1977年、494頁〉にも当てはまるとする。

172　第5省察に関する第5答弁、第Ⅰ節　本有観念の経験への非還元性は（経験は本有観念をいわゆる「偶有的」観念またはそとからやって来る観念やわれわれが作る観念ないし「偽」観念に対置する）、デカルト哲学の神の証明の原動力である。神の観念は感官からやって来ないし、有限の諸要素から出発して有限のわれわれの精神によっては作られない。

173　I, 145 メルセンヌ宛書簡 1630年4月15日〈1-135頁〉

174　X,376『精神指導の規則』規則4、ラテン語版（『精神指導の規則』27頁）。同書 373 を参照。また、X, 217『思索私記』には、ストア派由来の「真理の種子」ないし「知恵の種子」という表現がある。

175　IX,B,5『哲学原理』〈『哲学原理』15頁〉

176　IX,B,5〈『哲学原理』14頁〉

177　IV, 536 シャニュ宛書簡 1646年11月1日〈7-176頁〉。『真理探究』（未完の対話）の計画は、第1部で「感覚的事物と知的な事物の関係、この二つすべてと創造者との関係、被造物の不死性を説明する予定であり、また、諸学の成就の後のそれらの存在の状態がいかなるものになるかを説明する予定である」（X, 506）〈『真理探究』〉。また、第2部で「真理を完全に判断するためにわれわれの悟性を準備したのだから、われわれは、それゆえ、善いこと悪いことを区別して、われわれの意志を統御することを学ぶ必要があるだろう…」（X, 506）〈『真理探究』〉。すなわち、ここで形而上学の主要な所与が経験によって補完される。

178　IV, 282 エリザベト宛書簡 1645年9月1日〈6-326頁〉

179　『幸福な生について』の注釈によってデカルトは、セネカが十分に正確でないと考えて、自分個人の反省を開始する。意義深いのは、デカルトの諸原理による道徳の匿名の論考が、「幸福に生きる技術」と題されていることであり、この願望の一般性がその論述の出発点となっていることである（1, I, ch.I）。

180　IV, 276 エリザベト宛書簡 1645年8月18日〈6-276頁〉

181　本書、第三部第五B節を参照

182　ib.276-277〈エリザベト宛書簡 1645年8月18日、6-276頁〉

183　ib.277〈エリザベト宛書簡 1645年8月18日、6-276頁〉

184　IV, 294-295 エリザベト宛書簡 1645年9月25日〈6-276頁〉

185　IV, 305 エリザベト宛書簡 1645年10月6日〈6-350頁〉

186　同書、デカルトはつぎのように問題を立てる。すなわち、「私はときおり疑問をもちました。自分に欠けている善を知らずにまたはそれを考えるのをやめて、自分がもっている善を実際以上に大きく素晴らしいと想像して楽しく満足している方が、いっそう思慮をめぐらしてそれぞれの場合の正しい価値を知っていっそう悲しくなるよりも良いことであるかどうかと」（IV, 304-305）〈エリザベト宛書簡 1645年10月6日　6-350頁〉

187　ib.〈エリザベト宛書簡 1645年10月6日、6-350頁〉

第五節

188 IV, 292〈エリザベト宛書簡 1645年9月15日、6–350頁〉

189 ib.〈同書簡、同頁〉

190 IX, 10『省察』の要約〈『省察』19頁〉

*191 IV, 305–306 エリザベト宛書簡、1645年10月6日、6–350頁

192 IV, 305–306〈エリザベト宛書簡 1645年〉10月6日〈6–350頁〉

193 IV, 305–306〈エリザベト宛書簡 1645年〉10月6日〈6–350頁〉

194 『情念論』147項。148項および212項を参照。そこで示されているのは、このように魂の平穏は、情念の最も激しい力にもかかわらず保護されるという点である。だが、147項でデカルトは、この重要な真理を皮肉な覆いの下に保護する。すなわち、妻を悼みながら妻が生き返ったのを見れば…ときおり怒るだろうやもめの例である。

195 ラテン語の初版（1641年）のタイトルは神の存在証明と魂の不死と表記されていた。だが、このタイトルは恐らくメルセンヌに負っていたのだろう（III, 230および340 参照）。また、その翻訳（1647年）と同じく第二版（1642年）では、単に「魂と人間の身体の実在的区別」となっている。

*196 IX, 10『省察』20頁

197 IX, 120『省察』第2答弁〈『省察』第2答弁、デカルト著作集2巻、白水社、1977年、186頁〉

198 IX, 4〈『省察』4頁〉

199 IX, 120〈『省察』第2答弁、デカルト著作集2巻、白水社、1977年、186頁〉

200 IV, 333 エリザベト宛書簡 1645年11月3日〈6-366頁〉

201 III, 279 ポロ宛書簡、1641年1月（中旬）〈4-259頁〉彼の兄の死に対して。デカルトはそこで「二人の喪失…非常に身近な」に対して、ごく最近の自身の苦しみに言及する…」。1640年10月のデカルトの父の死と9月の5歳の娘フランシーヌの死である。デカルトは家政婦との間に娘をもうけていた。

202 ホイヘンス宛書簡 1642年10月13日

203 ホイヘンス宛書簡 1642年10月13日、ロス編 p.182。アダン・タンヌリ版は、手稿を無視したまま、デカルトの思考を歪める矮小化され付けたしのあるクレルスリエによって出版されたテキストを提供してきた。すなわち、彼の生への愛のその強い肯定は、つぎのような言葉があるのに和らげられた。「私はこの生を大いに愛する」。また、天の祝福の言及の後にクレルスリエはつぎのように付け加えた。「自分たちの逸脱によってわれわれがその祝福に相応しくしない限り、また悪人に用意されている罰にわが身を晒さない限り」（III,580）〈同書簡187頁〉。だが、デカルトは、正確には制裁の恐怖をまったく語っていないし、この手紙の最後では、来生について宗教がわれわれに教えることすべてが、「きわめて明証的な自然的理性によって納得するもの」〈同書簡187頁〉ほどにはわれわれを突き動かさないことを認めている。

204 「来生」はこうした記憶と知的な感情によって地上の生を延長し、哲学はそれらが身体に関して現世いらい独立であることを示す。『デカルトの個体性』8章参照。

205　II, 480〈メルセンヌ宛書簡 1639年〉 1月9日〈3–164頁〉

206　IV, 441–442〈シャニュ宛書簡〉1646年6月15日

207　VI, 62〈『方法序説』83頁〉

208　I, 379–380 コルウィウス宛書簡 1637年6月14日〈1–382頁〉。しかしながら、12月4日に彼はホイヘンスに健康維持への関心と「百年以上」(I, 507)〈ホイヘンス宛書簡 1638年1月25日1–382頁〉生きる希望について書いている。また1639年1月9日のメルセンヌへの手紙ではこう書いている。「私は青年時代にそうだったよりもずっと死から遠のいているような気がする」(II, 480)〈1639年1月9日メルセンヌ宛書簡 3–164頁〉。デカルトは、したがって「30年以上も死を恐れなければならない」(II, 553, ホイヘンス宛書簡 1639年6月)〈3–228頁〉とは考えないが、「死が襲いかかる」〈II, 553 ホイヘンス宛書簡、1639年6月〉可能性にいつも言及する。

209　IV, 202 エリザベト宛書簡 1645年5月18日〈3–255頁〉の中のこうした調和を再度参照。すなわち、「一方で、自分を不死と考えて、他方で魂が死すべき脆弱な身体と結合していると考えて…魂は自分の能力の内にあるすべてを使ってこの生において自ら好運をもたらそうとするが、それにもかかわらず魂は、永遠という点に関してそうした幸運をほとんど評価しない…」。

210　III, 695 エリザベト宛書簡 1643年6月28日〈6–303頁〉。「われわれが身体を持たなければ、愛や喜びに過度に溺れることはありえない・・・。だが、愛や喜びに伴う身体運動は、身体の運動が過度に強すぎるとそれらはすべて健康の害になる(『情念論』141項〈『情念論』255頁〉)。神秘的な恍惚は、それゆえ、この生の現在の条件には合致しないし、デカルトにとっては、まず健康を守らなければならない。

211 ラベルトニエール『デカルト研究』、Vrin 1935年 2巻152 頁 等参照

212 V, 82 クリスティナ宛書簡 1647年11月20日〈7–334頁〉

213 V, 82 クリスティナ宛書簡 1647年11月20日〈7–340頁〉デカルトは、古代人が理性的な反省によって規定したように「この生の最高善」について長々と話した後、王妃によって立てられた問題に厳に留まる。

214 IV, 333 エリザベト宛書簡 1645年11月3日〈6–366頁〉

第六節

215 IV, 293〈エリザベト宛書簡 1645年9月15日 6–334頁〉

216 IV, 293〈エリザベト宛書簡 1645年9月15日 6–334頁〉

217 デカルトは『哲学原理』第3部、3節を指示する。その哲学は形而上学から自然学へ連続して移行し、『省察』を完成する物体の存在証明は「物質的事物」(IX–2,63『哲学原理』95頁)に関する『哲学原理』の第2部を開く。「自然学全体」(IX. 10『省察の梗概』〈『省察』19頁〉)がまた不死の証明をより遠くまで押し進めるために働くであろう。というのは、自然学が確立するのは、連続的創造がその否定的な面(被造物にとって神なくして存在することの不可能性、『省察』三、および『哲学原理』第1部、21項)と並んで肯定的な面として反対の主張を伴っていることである。すなわち、神の不易は神が宇宙における運動の同じ質を「その秩序だった通常の協力によって」(II. IX–2, 83.『哲学原理』第2部、36項)〈『哲学原理』125頁〉保持することを保証する。すなわちその総体における世界は、それゆえ、滅びはしない。

別の実体である魂もまた同じである。

218 エスピナス『デカルトと道徳』、Bossard, 1925年 2巻（随所）を参照。

219 IV, 609 シャニュ宛書簡 1647年2月1日〈7–241頁〉

220 X, 620 シャニュのデカルト宛書簡 1647年5月2日

221 V, 51 シャニュ宛書簡 1647年6月6日〈7–317頁〉

222 IV, 293〈エリザベト宛書簡 1645年9月15日 6–334頁〉

223 V, 54–55〈シャニュ宛書簡 1647年6月6日 7–320頁〉

224 V, 55–56〈シャニュ宛書簡 1647年6月6日 7–320頁〉

225 パスカル『パンセ』205, 206, 693（ブランシュヴィク版）を参照。

226 スコラの自然学が「目的因」に帰せしめるものは、すべて動力因に関係づけられなければならない。また「神の諸作品の観察によって神を知り賛美することは正しいが、どんな目的で神が万物を創造したかを推測することは正しくない」（『省察』第四省察にかんする第5答弁、1節〈デカルト著作集2、白水社、1977年〉）。形而上学は、不条理に陥らずに、傲慢な人間のごとく神がわれわれに賞賛されるために宇宙を創造したのでなかったと確信できはしないであろう。だが、道徳的には（すなわちわれわれがなさなければならないことという視点で）、われわれはすべての作品に対して神を称賛しなければならない（III, 431 イペラスピスト宛書簡 1641年8月、ラテン語。『哲学原理』第3部3項）〈『デカルト』

所収『哲学の原理』、朝日出版社、1988年 102頁〉を参照。「なぜならば、多くの至福によっていっそうわれわれが神を愛し、神に感謝するためには、神がすべてのものをわれわれのために作ってくれたと信ずる習慣からすればそれは敬虔で善き考え方であるにしても、また、われわれが何らかの効用を引き出せないような被造物は何もないのだからそうした考え方はいわば真であるにしても、神を思うことによってわれわれの精神が活発にさせられ、またそうすることで神を称賛するようになるなら、人間が創造の唯一の目的であるということは、しかしながら、いささかもかも真実ではない」。

227 II, 37〈1638年3月〉を参照。

228 IX, 10〈『省察』20頁〉

第七節

229 IV, 609 シャニュ宛書簡 1647年2月1日〈7–241頁〉

230 IV, 294–295（エリザベト宛書簡 1645年9月15日〈6–336頁〉

231 IV, 441 シャニュ宛書簡 1646年6月15日〈7–87頁〉

232 ib. 442〈シャニュ宛書簡 1646年6月15日、7–87頁〉

*233 IV, 293 エリザベト宛書簡 1645年9月15日、6–334頁

234 IV, 293〈エリザベト宛書簡 1645年9月15日、6–335頁〉

235 IV, 295〈エリザベト宛書簡 1645年9月15日、6–336頁〉

236 IV, 293〈エリザベト宛書簡 1645年9月15日、6–334頁〉

237 ib.〈エリザベト宛書簡 1645年9月15日、6–335頁〉

238 IX, 40 第3省察〈『省察』74頁〉

第三章

第一節

239 IX, B, 2『哲学原理』序〈『哲学原理』12頁〉

240 ib. 14〈『哲学原理』24頁〉

241 M・ゲルー氏にとって『哲学原理』の序文は、『方法序説』VI, 62におけるように自然学と機械論的な医学の発展を前提とする「厳密な学問」としての道徳を目指すものである〈『デカルト…』、t.II, p.250, 注39〉。だが『情念論』はいささかも医学を道徳に適用するものではないが（p.256, 注63）、ジルソンにとっては『方法序説』のこのくだりの最良の注釈である（『方法序説―テキストと注釈』、p.447）。論文「デカルト哲学における道徳と科学の関係について」で、E・ブトルゥは『哲学原理』と『情念論』の道徳を「科学の最終的で最も直接的で実践的な応用」として結合して、（『方法序説』への準拠なしに）第6部の同じテキストを次のように注釈する。「この研究がわれわれにいかなる点で精神が体質に依存するかを示すように…デカルトは結論する…それは医学においてである（『形而上学誌』1896, p.507」）。

242　VI, 62〈『方法序説』82頁〉

243　P・メナールは〈『デカルトと道徳』第1部、4章〉、デカルトは「リベルタン」の旗印であった用語を避けた（『精神指導の規則』いらいデカルトの考え方は思弁的知恵の優越によってそれとは根本的に区別されるものの、そこから応用が生まれることとなる）と考える。『方法序説』の唯一の道徳の展開である第3部の暫定的規則がこの完全な認識の手前に来るのは自然であった。

244　ib.61〈『方法序説』81頁〉このことは君主に保持されている。道徳について何も出版したくないというデカルトの嫌悪については、V, 86-87 シャニュ宛書簡 1647年11月20日、および本書「序論1節」で引用されたテキストを参照。デカルトの方法の応用がベリュールにとって身体の唯一の善と協調するものでなかったなら、おそらくベリュールの賞賛はそれほど強くはなかったであろう。

*245　VI, 62『方法序説』83頁

246　VI, 33〈『方法序説』47頁〉

247　VI, 59 第5部〈『方法序説』78頁〉デカルトはそこで『世界論』に続いて1635年頃に開始された『人間論』の記述を要約

している〈V, 112 エリザベト宛書簡〈1648年1月25日〉を参照〉。そこでは身体はまず単純な機械として描かれており、この著述は「理性的な魂の記述へと移行しようとするところで未完になっている」(XI, 200〈『人間論』〉)。冒頭部分で、「われわれのような人間ができあがるには、いかにしてこれら二つの本性が互いに結合されていなければならない」かが最終部で示されると語られていた(XI, 120)〈『人間論』〉。

248 VI, 63。先の箇所の慎重さを参照。たとえば、「見出すことが出来るなら…思うに…」〈『方法序説』83頁〉や、その時代の医学には「目を引くような効用をもつものがほとんどない」(ib.62)〈『方法序説』83頁〉ということの確証。

249 Ib.62〈『方法序説』〉デカルトは、「かりに人生の短さによってあるいは経験の欠如によって妨害されるのでなければ、そこを辿ればかならず発見されるはずの…道を見つけた」(VI,63)〈『方法序説』83頁〉と考える。当時の寿命にたいする彼の望みについては、本書の第2章44頁を参照。1637年の末にはデカルトは、『医学梗概』に没頭していたが、この書はわれわれにはまったく伝わっていない。I,435 et 507ホイヘンス宛書簡10月5日、12月4日を参照。

250 IV, 441–442 シャニュ宛書簡 1646年6月15日〈7–87頁〉

251 IV, 441–442 シャニュ宛書簡 1646年6月15日〈7–87頁〉

252 IV, 441–442 シャニュ宛書簡 1646年6月15日〈7–87頁〉

253 IV, 441–442 シャニュ宛書簡 1646年6月15日〈7–87頁〉

254 ib.〈7–87頁〉

255 IX,B, 14〈『哲学原理』24頁〉

256 IX,B, 20〈『哲学原理』29頁〉

257 デカルトはいつも職人の仕事に具体的な関心を抱いており、実際的な新発見をする機会を職人に与えるために最も学識ある人が来て教えるような職業技術学校を開くよう博愛家にアドバイスした。

258 1648年4月16日、『ビュルマンとの対話』の一つで、デカルトは最も確実なものは自然に従うことであると認めて（デカルトの命を奪った肺炎のさいの瀉血に対する嫌悪を参照）、その技術を知れば（V,178,〈『ビュルマンとの対話』〉ラテン語）われわれは植物のように寿命を延ばせるだろうと、信じて疑わない。

259 デカルトは、エリザベトに「推論する能力を奪い、理性的精神の満足をも奪う病気がある」ことに同意する。（IV,281–282〈エリザベト宛書簡〉1645年9月1日〈16–325頁〉。IV,269, エリザベト宛書簡 8月参照）。

*260 IX, B, 4『哲学原理』13頁

*261 IX, B, 4『哲学原理』14頁

262 IX, B, 4〈『哲学原理』13頁〉

263 ib. 9〈『哲学原理』14頁〉

*264 IX, 3『哲学原理』13頁

*265 IX, 3『哲学原理』13頁

266 序説の最後に引用されているテキストIX, B, 3-4『哲学原理』を参照。

267 IV, 442〈シャニュ宛書簡、1646年6月15日〉

268 デカルトはこの結合について質問した一人の文通相手に、まもなく出版される『情念論』を参照するよう指示する(V, 313　モアのデカルト宛書簡 1649年3月5日)。

第二節

269 IV, 309-310〈エリザベト宛書簡 1645年〉10月6日〈6-353頁〉。エリザベトの要請に答えて(IV,289〈デカルト宛書簡〉9月13日〈6-330頁〉(V, 303, 再度30日に)。デカルトが「情念を数え上げることの困難」を見出したため、また「情念の検討」(IV,313〈エリザベト宛書簡〉1645年10月6日〈6-355頁〉)を延期したため、彼女は10月28日に(IV, 322)デカルトが当時手紙の余白に書いたこの特殊な研究の求めを、再度行った。

270 心身結合についての彼女の最初の質問の的確さを称賛した後(1643年春)デカルトはエリザベトに非常に難しい幾何学の問題を出したが、彼女の解答の素晴らしさに感動した(1643年11月の二通の手紙を参照)。デカルトは、彼女に『哲学原理』のラテン語版を献呈してその賞賛を公にした。

271 彼女の父、ボヘミアのフレデリック、パラチナ選帝侯(1630年没)は、30年戦争の当初は「冬王」であったが、白山の敗戦後に廃位された。フレデリックの母はナソであり、家族はみなオランダに逃走した。エリザベトは1620年には2才であった。また彼女は10人の子供の長姉であった。

272 彼は、ゴンザグのアンヌと結婚するために信仰を捨てることになる。エリザベトは誠実なプロテスタントであった(彼女は1680年に逝去したがヘルフォルトのルター修道院の女子大修道院長であった)。11月の悲嘆にくれた手紙に対して、デカルトは1646年1月の手紙に「神は魂を神に引きつけるためにさまざまな手段を用いられ、ある者は悪しき意図をもって修道院に入るが、その後その人はそこできわめて神聖な生活を送った」と答える。デカルトのカトリシズムは、それゆえ、この改宗を是認することしかできない〈IV, 351-352 エリザベト宛書簡 1646年1月〈6-3頁〉〉。

273 IV, 335〈エリザベトからデカルト宛書簡 1645年11月30日〈6-3頁〉

*274 この「有徳の娘は、自分の母である王妃が自分たちの家柄をひどく侮辱した男を好意的な目で見ることに胸を痛めていたかもしれない」とタルマン・デ・レオは述べる。

275 IV, 208 1645年5月24日〈エリザベトのデカルト宛書簡〈6-281頁〉

276 IV, 233 エリザベトのデカルト宛書簡 1645年6月22日〈6-280頁〉

*277 IV, 234 エリザベトのデカルト宛書簡 1645年6月22日〈6-280頁〉

278 ib., 234〈エリザベトのデカルト宛書簡 1645年6月22日、6-280頁〉

279 VI, 62〈『方法序説』83頁〉。『情念論』51項を参照。

280 本書序論、7頁を参照

281 IV, 220 1645年5月または6月〈エリザベト宛書簡 6-267頁〉

282 VI, 62〈『方法序説』〉

283 IV, 529 1646年11月〈エリザベト宛書簡 7–169頁〉
284 IV, 529 1646年11月〈エリザベト宛書簡 7–169頁〉
*285 IV, 220 エリザベト宛書簡 1645年5月または6月、6–267頁
*286 IV, 221 エリザベト宛書簡 1645年5月または6月、6–267頁
287 IV, 220–221 エリザベト宛書簡 1645年5月または6月〈6–267頁〉

第三節

288 デカルトは精神という用語を採用する。彼はこれを『省察』のアニマよりも好んでいて、魂による身体の生物学的「生気」という観念全体を避けている。
289 X, 411『精神指導の規則』12則、ラテン語〈『精神指導の規則』69頁〉
290 VI, 33 et 59〈『方法序説』第4部および第5部〉
291 IX, 62 et 64〈『省察』六〉
292 IX, 240–241〈『省察』〉第六答弁、またIII,434、イペラスピスト宛書簡

293 III, 667 et 694〈エリザベト宛書簡 1643年〉

294 V.222–223 アルノー宛書簡 1648年7月29日

*295 III, 503 レギウス宛書簡 1642年1月、5–113頁

296 III, 693 エリザベト宛書簡 1643年6月28日〈5–302頁〉

297 『精神指導の規則』（X, 411）の表現が、1645年と1646 年のメラン宛書簡（IV, 167 et 346）でデカルトによっていくども繰り返される。レギウスが人間を「偶然による存在」と定義して、デカルトの二元論から引き出したと主張する帰結に、デカルトは1642年に抗議をしていた。デカルトは、当時、人間の魂は唯一のものであると規定して、「実体形相」という用語を取り上げなおした（III, 503, 505）〈レギウス宛書簡 1642年1月末〉。

298 V, 222 アルノーの宛書簡〈1648年7月29日〉

299 ib. 691–692〈エリザベト宛書簡 1643年6月28日、5–300頁〉。III, 665, 5月23日を参照

300 『哲学原理』第一部66項〈『哲学原理』82頁〉

301 IV, 441–442 シャニュ宛書簡 1646年6月1日〈7–87頁〉。二人の間の「大きな隔たり」とまた医学における自分の挫折を認めて、この手紙でデカルトは道徳の特殊な問題として情念論について語り、自然学が「道徳に何らかの基礎を確立する」（IV, 441–442 シャニュ宛書簡 1646年6月15日〈7–87頁〉）のに役立つとする。1630年以来、デカルトは、「動物一般についてはすでに十分に知っているが個別の人間は未だ知らない」と考えていた（II, 525–526 メルセンヌ宛書簡 1639年2月20日〈3–199頁〉。そこから、発熱のような…人間的現象を治せないということが出て来る。1648年に、デカ

ルトは「動物と人間の諸機能」（V, 112 エリザベト宛書簡 1648年1月31日〈8-6頁〉）の記述を再開するのだが、胎児の形成についての実験は、「個別の人間に対して」よりも「動物一般」に対してはいっそう容易であった。（II, 525-526 メルセンヌ宛書簡 1639年2月20日〈3-199頁〉）。「哲学の全体」〈『哲学原理』25頁〉は、それゆえ、「地球」（187項まで）に関する『哲学原理』の第4部の後に他に二つの部分を、すなわち、「一つは動物と植物の本性に関する部分を、他は人間の本性についての部分」（188項）を含まなければならなかっただろうし、「また最後に医学を正確に論じなければならなかったであろう」（IX, B, 17〈『哲学原理』序文〈26頁〉）。

302 『情念論』2項

303 『情念論』7項〈『情念論』142頁〉

304 「塩の精気」あるいは「ワインの精気」という表現と同じく物体的である。それらは「最も生き生きとした、また熱によって希薄化される血液のいっそう微細な部分である」（『情念論』10項〈『情念論』144頁〉）。それらは、（最も惰性的な部分の集積から由来した）器官としては、デカルト自然学の「微細物質」に対応し、液体は最初の二つの要素に反応する。

305 『情念論』7項〈『情念論』7項の表題、141頁〉。結合の決定によって、その当時デカルトが並行して探究対象とした有機体の形成まで遡らないで、ただ身体だけに固有な諸機能を区別することが要求される。

306 デュマ『感情的生活』PUF, 1948年、序文　デカルトは感情連合の原理である拮抗筋の法則について的確に語り、情動の生理学的で特徴的な多くの現象を記述した。すなわち、情動的な衝撃の抑制（17世紀の言葉では「驚愕」）、愛と喜びにおける強い発露、憎しみと悲しみおける抑鬱、これらはそれぞれの情念を特徴づける諸現象の集合ごとに多様である。

307 a.27〈『情念論』27項〉

308　IX, 69〈『省察』第6省察〉1640年の手紙で松果腺ないし下垂体の特権的な地位がすでに引き出されていた（III,19–20、メルセンヌ宛書簡 1月20日。また、III, 47–49 メルセンヌ宛書簡 4月1日〈4–49頁〉）。

*309　『情念論』30項の表題、162頁

310　『情念論』30–32項〈『情念論』164頁〉その極度の運動性によって松果腺は、神経によって脳に伝えられたすべての衝撃を感じ取り、精神が脳に与える方向づけから運動神経を通して筋肉にまで動物精気を送りこむ。

311　聖体の秘蹟に関して、デカルトは人間の身体を統一するものを規定するように導かれる。

*312　『情念論』6項140頁

*313　『情念論』30項163頁

314　『情念論』30項。5–6 項を参照。このことは身体の死の結果であって、その原因でない。

315　IV, 166 メラン宛書簡 1645年2月9日〈6–215頁〉。ある意味で、身体の微粒子は絶えず更新され、身体は分割されさえする（その「主要部」を除いて）。だが、同一の魂によって「形相を与えられた」〈IV, 167 メラン宛書簡 1645年2月9日〉個人である限り、それは「同じもの」〈IV, 166 メラン宛書簡、1645年2月9日〉である。「この意味で身体は分割され得ない…、また、われわれは、腕や足が切断された人がそうでない人に劣らず人間であると考える」（IV,167〈メラン宛書簡 1645年2月9日〉）。『情念論』30項を参照。

第四節

316 IX, 64 第六省察〈『省察』120頁〉

317 IX, 64–65〈『省察』第六省察 120頁〉

*318 IX, 64〈『省察』第六省察 109頁〉

319 a.51〈『情念論』51項、185頁〉

320 a.52〈『情念論』52項、186頁〉

321 a.53〈『情念論』53項、187頁〉

322 a.57〈『情念論』57項、189頁〉

323 a.56〈『情念論』56項〉

324 a.57〈『情念論』57項、189頁〉

325 『情念論』57項および87項。この情念には反対のものがない。なぜなら悪の「忌避」〈87項、208頁〉はその反対の善の願望であるからである。つまり「病気を避けて人は健康を探す」〈87項、208頁〉。

326　a.61〈『情念論』61項〉

*327　『情念論』160項、271頁

328　『情念論』151–161項。本書の4章第1節を参照。『情念論』の第3部は、第二部の最初の諸情念の枚挙の順序にしたがって、原初的な諸情念に従うそれぞれの情念の詳細な研究を取り上げなおしている。特に、伝統的な分類における欲望を伴った主要な情念である怒りは、デカルトにとってはもはや悲しみからの派生に過ぎない。

329　a.113〈『情念論』113頁、227頁〉

330　a.44 et a.50〈『情念論』44項および50項〉

331　a.50〈『情念論』50項、183頁〉

332　Art.〈『情念論』〉50項。107項もわれわれに「同じ味覚」〈『情念論』107項、223頁〉をもたらす薬に対する嫌忌を引き合いに出す。デカルトが127項でその逸話を借用するスペインの哲学者ウィウェスは、すでに似たような諸例を引用していた。

333　a.136〈『情念論』136項、245頁〉

334　a.136〈『情念論』136項、245頁〉

335　I, 134 メルセンヌ宛書簡 1630年3月18日〈1–126頁〉

336　a.50〈『情念論』50項〉

337　a.136〈『情念論』136項〉

338　V, 57 シャニュ宛書簡 1647年6月6日〈7-321頁〉

339　V, 57 シャニュ宛書簡 1647年6月6日〈7-321頁〉

340　a.45〈『情念論』45項、175頁〉

341　Art.〈『情念論』〉44項。「非常に遠い対象を見ようと眼を凝らせば、この意志で瞳孔が広がる」し、その反対も言える。「だが、ただ瞳孔だけを広げようと考えれば、たとえその意志を持っていてもそれで瞳孔は広がらない」。〈『情念論』44項、174頁〉。

342　a.45〈『情念論』45項、175頁〉

343　Art.〈『情念論』〉211項　エリザベト宛書簡 1645年9月1日〈6-333頁〉は、情念の検討を開始して、長々とこうした誤認を詳述し(IV,283-286)、この誤った快や精神の喜びを真の完成に対置する。「しばしば、情念はわれわれに実際よりもずっと良い、いっそう望ましい何がしかの物を信じこませます。それから、われわれがそれらを獲得するべく多くの労苦を取っても、しかしながら、いっそう真なる多くの他の善を所有する機会を失ったときには、それを現に享受していてもそれらの欠陥を教え、そこから軽蔑、後悔、悔恨が生じます。そういうわけで、理性の真の役割はその獲得がいわばわれわれの行動に…依存すると思われるようなすべての善の正当な価値を検討することであります」。

344　a.47〈『情念論』47項、179頁〉

345 〈『情念論』〉47項〈177頁〉は、「精神の下位の面と上位の面との間にあるとふつう想像されている闘い」を批判する。たとえば、プラトンは、荒馬の引具を操る御者の神話によって、二頭の内の一頭がいつも大地に向かって引っ張ることを表現していた。そこから「反乱と戦いが生ずる」（パイドロス、248 b）。

346 ib.〈『情念論』47項、177頁〉

347 a.48〈『情念論』48項、180頁〉

348 Ⅳ, 265 エリザベト宛書簡 1645年8月4日〈6–308頁〉。Ⅳ,284 9月1日〈6–308頁〉を参照

349 Ⅳ, 296 エリザベト宛書簡 1645年9月15日〈6–337頁〉

*350 『情念論』161項、273頁

351 a. 211〈『情念論』211項、312頁〉

352 ib.〈『情念論』211項、310頁〉

353 ib.〈『情念論』211項、312頁〉

第五節

＊354　『情念論』144項、145項、255頁
355　Art.〈『情念論』〉144–146項。本書第2章2節参照。
356　a.144〈『情念論』144項、254頁〉
357　XI, 326 デカルトのX氏宛書簡 1649年8月14日〈※lettre–préface ,et a.1と注記されている。〉
＊358　XI, 326 1649年8月14日
＊359　『情念論』50項、184頁
360　a.50 211, 212〈XI, 370（『情念論』50項、211項、212項、313頁〉
361　コルネイユ、『ポリュクト』、A.II, sc.2, v.477
362　「私は、賢者は無感覚であれ、と望むような残酷な哲学者ではおよそありません」（IV, 201–202、エリザベト宛書簡1645年5月18日〈6–254頁〉）。また、ポロへのお悔やみの手紙の中で、「涙と悲しみ」は「男らしい人間」（III, 278〈ポロ宛書簡〉1641年1月中旬〈4–259頁〉）にはふさわしくないことはないと規定する。

363 a.45〈『情念論』45項〉

364 a.211〈『情念論』211項、310頁〉

365 a.52〈『情念論』52項、186頁〉

366 a.94〈『情念論』94項、214頁〉

367 a.137〈『情念論』137項、247頁〉

368 IV, 62『方法序説』〈83頁〉、およびIV,220 エリザベト宛書簡 1645年5–6月

369 V, 82 クリスティナ宛書簡 1647年11月20日〈7–308頁〉。この見解は「アリストテレスの見解」と一致する（IV, 275エリザベト宛書簡 1645年8月18日〈6–320頁〉）。「なぜなら、アリストテレスが、人間的本質一般の最高善、すなわち人間すべての中で最も完成されたものが所有するものを考察して人間の本性に可能なすべての完全さによってそれを組み立てたことは、正しかったからであります。」（IV,276　エリザベト宛書簡、1645年8月18日〈6–320頁〉）。だが、デカルトはこの見解はまったく観念的で「われわれの役に立たない」(ib.276〈同頁〉）とつけ加える。「というのも身体や運命の善については、まったくわれわれに依存しないからである」（V, 83　クリスティナ宛書簡 1647年11月20日〈6–320頁〉）。

370 IV, 264 エリザベト宛書簡 1645年8月4日〈6–308頁〉

371 Art.138,〈『情念論』138項、248頁〉「身体を害するいくつかの事柄がある。それらは最初どんな悲しみも引き起こさずに、喜びさえ与える」。第六省察の水腫の例、および生命の目的性の誤謬についての身体のメカニズムの複雑さによる説明を参照（IX, 66–71）〈『省察』第六省察〉。

372 a.138〈『情念論』138項、249頁〉
373 a.138〈『情念論』138項、249頁〉
374 V, 179『ビュルマンとの対話』、ラテン語　嫌がる薬を病人に強いるより、繰り返し望む飲み物や料理を許可するほうがおそらく良いであろう、とデカルトは付け加えている。すなわち、医師は外面しか見ないが、本質それ自体は内部から感じ取られるからである。すべてを分析できずに食欲を信じる必然性については、III, 422–423 イペラスピスト宛書簡を参照。
375 IX, 66 第6省察〈『省察』124頁〉

第六節

376 a.139〈『情念論』139項、249頁〉
377 IV, 256 エリザベト宛書簡、1645年8月4日〈6–309頁〉
378 a.141〈『情念論』141項、251頁〉
379 ib.〈『情念論』141項、251頁〉
380 『エチカ』IV, 命題41, 42, 45, 50, 53–54・・・

381 a.177〈『情念論』177項、285頁〉

382 Art.〈『情念論』〉201項〈※191項に見られる〉。悔恨と後悔は、「一種の悲しみ」(a.177〈『情念論』177項、286頁〉)であり、過去の行為によって引き起こされる。悔恨そのものには積極的「効用」(a.177〈『情念論』177項、286頁〉)があり「疑われているものが善いか悪いか」をもう一度よく検討するべくわれわれを促す(a.177〈『情念論』177項 285頁〉)
※201項の該当箇所は191頁に見出される。

383 Art.〈『情念論』〉142項。「悪いものに結び付いている危険」(IV, 613 シャニュ宛書簡 1647年2月1日〈7–244頁〉)、また愛において「悪しきものへ変形される危険について」(IV, 613 シャニュ宛書簡 1647年2月1日〈7–244頁〉)を参照。この手紙は、道徳的評価(「ある情念は他の情念よりわれわれを道徳的に低くさせるがゆえにいっそう悪い」ib.)と心理学的確証(「満足」の重要さ)や社会的反響とを区別する。二次的な面で、愛は常に「苦さよりいっそう多くの甘美さ」(IV, 614〈シャニュ宛書簡 1647年2月1日、7–245頁〉)を与え、憎しみはいっそう多くの苦悩を与える。喜びについてのデカルトの躊躇を参照(本書第2章 39–40頁で引用、『情念論』142項の次の句、「しばしば偽りの喜びが本当の原因から来る悲しみより善いことさえある」(142項〈253頁〉)。だが道徳は完全さと真理とを分けることを拒否する(IV, 305 エリザベト宛書簡 1645年10月6日〈6–350頁〉)。

384 a.142〈『情念論』142項〉

*385 『情念論』177項、285頁

386 a.201〈『情念論』201項、303頁〉

387 IV, 538 シャニュ宛書簡 1646年11月1日〈7–177頁〉

388 a.176〈『情念論』176項、285頁〉

389 これはデカルトがスウェーデンの宮廷のために構成した舞踏「アントレ」の題目であり、想像力の役割を記して舞踏の生理学的特徴を描写している（『情念論』26, 116, 118項を参照）。

（われ）寒く、青ざめ、震えながら
数百万の戦士に
激しい畏怖を与えたいなら
…キマイラ、夢あるいは、薄い影しか要らない
それらを彼らの脳に送る
すると彼らは小牛のように震える…
（チボーデとノルドストレムによって編纂された、ジュネーブ誌, n2、1920, 173, sq.）

390 a.176〈『情念論』176項、285頁〉36項および59項を参照

391 a.211〈『情念論』211項〉

392 IV, 538 シャニュ宛書簡 1646年11月1日〈7–177頁〉デカルトは、しかしながら怒りに対して用心するようずっと注意しながら続ける。きょくたんに恐怖するような臆病にさえ、『情念論』はときにその力を一掃せずに何がしかの効用を見出す。

393 IV, 331―332 エリザベト宛書簡 1645年11月3日。デカルトは大胆の例を取り上げる。つまり小心は「理性の限界を超えると」〈6-365頁〉さらにもう一方の過剰となり、「理性の限界を追い越さないうちは」〈6-365頁〉不決断と不安を追いやってくれて具合がよい。『情念論』176項〈『情念論』285頁』〉の次の句を参照。「たてる目的が善いものである限り大胆は、常に善いものである勇気の過剰である」。公共の価値への献身に対しても事情は同じである。

394 IV, 287 エリザベト宛書簡 1645年9月1日〈6-329頁〉

395 a.156 et 203〈『情念論』156項および203項〉

396 a.160〈『情念論』160項〉

397 本書第2章5節を参照

398 V, 135 ニューカスルにて、シオン宛書簡 1648年3月または4月〈8-31頁〉。IV, 287 エリザベト宛書簡 1645年9月1日、およびIV, 538 シャニュ宛書簡 1646年11月1日を参照。われわれの魂は、それらを感じなければ身体には一時たりとも結合したいとする理由を持たないであろう。

399 a.212〈『情念論』212項、313頁〉

第四章

第一節

400　『情念論』149–161項

401　a.152〈『情念論』152項、264頁〉

402　IV, 292〈エリザベト宛書簡 1645年9月15日、6–334頁〉

403　ib.

404　『哲学原理』第一部6項〈『哲学原理』38頁〉

*405　『方法序説』46頁

406　IV, 608〈シャニュ宛書簡 1647年2月1日、7–240頁〉

407　本書第2章2節を参照。最高善に関するクリスティナ宛書簡では、文字通り道徳的善に当てられる賞賛と物質的快適さに貢献する他の要素の量的評価とが区別される。「他のすべての善はただ尊重に値するのである…」（V, 84〈クリスティナ宛書簡 1647年11月20日、7–336頁〉）。こうした区別はもともとストア派のものである（キケロ、『有限なものについて』III, 20節41節…参照）。だが見てきたようにデカルトは、この折衷主義（同書、41節–49節）を批判するストア派に反対して身体的で外的な善を幸福に役立たせる。そして『情念論は』もはや尊重と賞賛を区別しない（先に引用された『情念論』152項）。

408　V, 83〈クリスティナ宛書簡 1647年11月20日、7-335頁〉

409　本書第2章4節および第3章5節を参照。

410　IV, 276 エリザベト宛書簡 1645年8月18日

411　V, 83 クリスティナ宛書簡 1647年11月20日（7-335頁）、「認識はしばしばわれわれの力を越える」。VI, 2『方法序説』を参照。良識の普遍性は、「精神の完成に役立つ」〈『方法序説』9頁〉ばらばらに分配された諸々の素質の活用と結びついている。というのも、「ある人の知性は別の人の知性ほど良くないからである」（IX, B,『哲学原理』22〈『哲学原理』33頁〉）。

412　a.153〈『情念論』153項、265頁〉

*413　『方法序説』34頁

414　本書の結論（第3節）でこの転換の意味が論じられるであろう。われわれが置かれている諸条件を変えようとするいかなる努力も排除することなく、われわれが近づきうるようなものに欲望を制限することが『方法序説』以来いかにデカルトによって保持されているかを、すでに見て来た。

*415　IV, 265 エリザベト宛書簡 1645年8月4日、6-310頁

*416 同書簡、6–310頁

417 IV, 265〈エリザベト宛書簡 1645年8月4日、6–308頁〉

418 X, 360『精神指導の規則』1則　本書第1章第1節の終わりを参照。この直感が 1619年11月11日以来デカルトによって獲得されていたことは、大いにありうる。良識と自由意志の平行的議論は本書の結論の第5節で再度取りあげられるだろう。

*419 『哲学原理』32頁

420 IX, B, 22 エリザベトへの『哲学原理』の献辞。この公的な宣言は道徳に関するエリザベトへの初期の書簡に先立つ。というのもその献辞はラテン語版（1644年）に随伴していたからである。だが、道徳を彼らの文通（1644年夏）の核にする前に、デカルトとエリザベトは、すでにその対話において道徳を論じていた。

421 a. 53–54 et 149–151〈『情念論』53–54項および149–150項〉

422 〈『情念論』〉71項、72項、149項、160項を参照。周知のように、17世紀では「驚き」（72項）は「不意打ち」（72項）を意味する、すなわち、「心臓にも血液にも変化」（71項）を伴わずに、対象によって動かされる動物精気の脳への強い印象によって特徴づけられる。われわれの自由意志の不変性は「それほどの不意打ち」（a.160〈『情念論』273頁〉）を引き起こさないが、その考察は、「つねに新たな驚き」（a.160〈『情念論』273頁〉）を与えるほど素晴らしい。青年時代の覚書いらいデカルトは、自由意志を無からの創造、受肉と共に三大驚異の一つに数えていた。

423 『情念論』54項を参照、「高邁ないし傲慢・・・」。テキストでは「そこから情念、ついで大度ないし傲慢の習慣が生ずる」となっている。「ないし」という語は同一視ではなく二者択一を示す。161項はなぜデカルトが高邁という語を好むかを説明するであろう。スコラ派にとって高邁は一つの徳であるが情念ではない。

424 a.160〈『情念論』160項、271頁〉

425 a.152〈『情念論』152項、264頁〉

426 a.153〈『情念論』153項、265頁〉

427 『哲学原理』第一部、37項〈『哲学原理』59頁〉

428 a.153〈『情念論』153項、265頁〉

429 a.157–158〈『情念論』157項、90頁〉

430 V, 83 クリスティナ宛書簡 1647年11月20日〈7–335頁〉。それは同時に積極的な力であり、潜在的な可能性である。「他者は自分の自由意志をわれわれと同じようにもっており、それを同じように正しく使うことができると考える」(a.155〈『情念論』155項、267頁〉)。また誤りを前にして人は、「他者それぞれのうちに存在すると、少なくとも存在しうる」〈『情念論』154項、266頁〉と想定される善き意志を考える。いくつかの病気だけが幾人かの人に「自分の理性の自由な行使」(IV, 282 エリザベト宛書簡〈1645年9月1日、6–326頁〉)をさせなくする。

431 a.154〈『情念論』154項、266頁〉

432 a.155〈『情念論』155項、266頁〉

433 『情念論』159項。卑屈ないし悪しき謙虚には、「自己の自由意志を全面的に行使していなかったかのように・・・」〈『情念論』159項、270頁〉不決断が伴う。「したがって、それは高邁と直接対立する」〈『情念論』159項 270 頁〉。悪しき謙虚は、われわれと他者や神との関係にかかわる。「だが、自己の欠陥と同じく自己の徳を認めて自己を正当に評価しなくてはならない。また、礼節からそれらを公にすることが阻まれるにしても、そうだからといってわれわれが「最も強い高邁な魂」についてそれらを強く感じることを礼節によって阻まれるからではない」(IV, 307–307 エリザベト宛書簡 1645年10月6日〈6–352頁〉)。

434 a.154〈『情念論』154項、266頁〉

435 a.158〈『情念論』158項〉

＊436 『情念論』156項、267頁

437 『情念論』156項。203項を参照。「奪われうるような善はほとんど」重視せず、「反対に…他のひとに腹をたてるとなくなるような自由や自己の絶対的な支配を大きく」〈『情念論』203項〉重視して、それは怒りを道徳的でもあるような憤慨に代える(『情念論』195項。IV, 538 シャニュ宛書簡 1646年11月1日を参照)。

438 『情念論』160項〈271頁〉

439 『情念論』190項。この道徳的満足は一つの習慣ないし「良心の安堵」〈『情念論』190項〉であるが、それは「人が良いと考える何かの行為をためらわずになすとき」、情念として湧き立つ」〈『情念論』190項〉。それは「すべての情念のうちで最も甘美」〈『情念論』190項〉である。

＊440 『情念論』204項、305頁

441　IV. 407『情念論』204項　エリザベト宛書簡 1646年5月を参照。デカルトは、情念の最初の研究にかんする彼女の書簡の賛辞を見て心を動かされたと告白する。名誉よりも安らぎのほうにより大きな関心があると語りながらも、デカルトは『方法序説』を出版したのであろう。というのも、求めずして得てしまった評価にふさわしくなる義務があったからである。

442　G・ランソン「コルネイユ的英雄とデカルト流の高邁な人」文学史誌、1894年 397–411頁、カッシーラ『デカルト、コルネイユ、スウェーデンのクリスティナ』仏訳、1942年を参照。

443　O・ナダル『コルネイユの作品における愛の感情』仏訳、1948年、287–321頁を参照。

444　『情念論』202項。6項、50項、133項、187項、193項、およびエリザベトとの間の書簡の多くのくだりを参照。

＊445　『情念論』161項、274頁

＊446　『情念論』161項、273頁

447　a.161〈『情念論』161項、274頁〉

＊448　『情念論』154項、265頁

449　a.154〈『情念論』154項〉

450　a.156〈『情念論』156項、267頁〉

451 『情念論』187項。高邁な人は、「他者の悪を自分に起こりうる事として思い描く」（a.186）〈『情念論』186項、160頁〉ような最も弱い人が持つ自省がない。というのも、彼らは、「起こりうるいかなる偶然事であっても、その悪を辛抱強く耐えられないような人の臆病さほど大きな悪ではないと見なすからである」〈『情念論』187項〉。そうではなく、彼らは「精神の内面に」道徳的な共感を感じて満足する（『情念論』187項、エリザベト宛書簡 1645年5月18日および10月6日付書簡を参照）。「友人に何らかの悪が生ずるので悲しむ場合、そうだからといってその悪を作り出している欠陥をわれわれも分有するわけではない」（IV, 203 エリザベト宛書簡 1645年10月6日）〈6―352頁〉。というのも、「その哲学によれば、悪は実在的なものではないからである」〈同書簡、同頁〉。

452 IV, 317 エリザベト宛書簡 1645年10月6日〈6–358頁〉

453 VI, 61〈『方法序説』82頁〉

454 VI, 66〈『方法序説』88頁〉

第二節

455 本書第二章の終わりを参照。

＊456 エリザベト宛書簡 1645年9月15日、335頁

＊457 エリザベト宛書簡 1645年9月15日、335頁

458 a.80〈『情念論』80項〉

459 〈『情念論』83項、205頁〉第2部のこの項以降、デカルトは高邁に関してはあらかじめ154項と156項を指示する。

460 IV, 612〈シャニュ宛書簡、1647年2月1日、7-243頁〉

461 a.83〈『情念論』83項、205頁〉

462 『情念論』83項の終わりで周知の「例」〈『情念論』83項、205頁〉が引き合いに出されている。大胆についての173項は、父子三代にわたる3人の者が兵士を元気づけ、彼らに勝利させようと敵に突撃したローマの家族「デキエス」またはデキウスの例を引用する。シャニュ宛書簡は、『アエネーイス』のニシウスとエウリアレのエピソードを想起させる。

463 I, 372 ホイヘンス宛書簡 1637年5月20日〈1-336頁〉

464 I, 372 ホイヘンス宛書簡 1637年5月20日〈1-367頁〉

465 IV, 293 エリザベト宛書簡 1645年9月15日〈6-334頁〉

466 ib.〈エリザベト宛書簡、1645年9月15日、6-335頁〉

467 IV, 332（エリザベト宛書簡、1645年11月3日）〈6-365頁〉

468 IV, 294〈エリザベト宛書簡 1645年9月15日、6-335頁〉

469 IV, 293–294〈エリザベト宛書簡 1645年9月15日、6–335頁〉

470 ib.294〈エリザベト宛書簡 1645年9月15日、6–335頁〉

471 IV, 303〈デカルト宛書簡 1645年〉9月30日〈3–344頁〉

472 IV, 316〈デカルト宛書簡 1645年〉10月6日〈3–357頁〉

473 IV, 317〈デカルト宛書簡 1645年〉10月6日〈3–357頁〉

474 ib.〈デカルト宛書簡 1645年10月6日、3–358頁〉

475 IV, 316–317〈同書簡、同頁〉

476 IV, 316–317〈同書簡、同頁〉

477 これは特に『ニコルの道徳論』3巻、1675年の中の一節、「慈悲および自己愛について」（随所で）の対象であろう。

478 IV, 308–309 エリザベト宛書簡 1645年10月6日〈6–352頁〉

479 IV, 308 エリザベト宛書簡 1645年10月6日〈6–352頁〉

480 IV, 308 エリザベト宛書簡 1645年10月6日〈6–352頁〉

481 牧師ヴォイエチウスに対する長いラテン語の書簡で、敵の攻撃の不寛容を批判するためにこのテーマ（VIII,B.〈ヴォイエチウス宛書簡〉111-117〉について述べられている。だが、慈善に関するこうした展開は、その書簡の他のくだりが示しているように、デカルトにとっては単なる論争の武器ではない。

482　VIII,B.〈ヴォイエチウス宛書簡〉116 ラテン語

483　ib., 111 ラテン語

484　コリントス人へ第一の手紙、13章。デカルトはその中の二つのくだりを引用する、同書、112。

485　ib., 112（コリントス人への手紙、13章）

486　IV, 608〈シャニュ宛書簡 1647年2月1日、7–240頁〉

487　IV, 291〈エリザベト宛書簡〉1645年9月15日〈6–334頁〉

488　『情念論』164項〈『情念論』164項、276頁〉

*489　IV, 291 エリザベト宛書簡、1645年9月15日、6–333頁

*490　IV, 294 エリザベト宛書簡、1645年9月15日、6–335頁

*491　同書簡、同頁

*492　同書簡、同頁

第三節

*493 VI, 11『方法序説』20頁

*494 本書19頁、注1を参照

495 IX, B, 3〈『哲学原理』序〉

496 X, 496〈『真理探究』〉

497 VI, 15『方法序説』〈『方法序説』24頁〉

498 IX,B, 17『哲学原理』〈『哲学原理』26頁〉。VI,63-65『方法序説』を参照

499 IV, 295 エリザベト宛書簡 1645年9月15日〈6-336頁〉

500 逆に注目すべきことに、デカルト的洞察によるこの道徳論は、1667年以来この点に独創的な展開をもたらす〈『幸福に生きるすべ…』第3部、第8章、265-283頁〉。宗教的なあるいは政治的な最高位者に対して、われわれには「規律順守」の義務が出てくるのである。だが、「そのためのいかなるやり方であっても、すべての人間にあって精神は自由であることに変わりはない」〈271頁〉。ドグマは別にして、人間的な事柄については各人は自己の内的革新の主人である。

著者は（彼がオラトリオ会士アムリヌでなければ、「序説」4頁参照）、恐らく反ジャンセニスム、すなわち反デカルト主義の定式を承認するべく多くの宗教的束縛を課されるという相克を解決しなければならなかっただろう。だが、良心の自由と規律への従属との間の調停はいっそう遠くまで及ぶ。「明らかに正しくない戦争においても、自分の君主に使える忠実さは正当化される。なぜならば、彼らは王に自分たちの意見を課すのではなく懐疑を持ちながらも自分の任務の遂行力を供するからである」（281頁）。

501　VI, 14〈『方法序説』24頁〉

502　VI, 61〈『方法序説』81頁〉

503　V, 87 シャニュ宛書簡、1647年11月20日〈7–339頁〉

504　V, 294 クリスティナ宛書簡、、1649年2月26日〈8–136頁〉

505　エリザベト宛書簡 1647年6月6日〈7–323頁〉

506　a.83〈『情念論』83項205頁〉

507　a.164〈『情念論』164項、276頁〉

＊508　IX, 489 エリザベト宛書簡 1646年9月、7–139頁

509　P・メナール『デカルトの道徳論』190–200頁

510 公女のドイツへの出発前に、この要請は生き生きとした口調で発せられた。すなわち、「V・A が彼に意見を書くように私に依頼した本を読みました‥」、とデカルトは始める（IV,486〈エリザベト宛書簡〉1646年9月〈7–137頁〉）。

511 IV, 406〈エリザベトからデカルト宛書簡〉1646年4月25日〈7–58頁〉

512 V, 292–293 シャニュ宛書簡 1649年2月26日を参照　フロンドの乱が起こったさいデカルトはパリにいて、大至急パリから離れ、散らかり放題の料理で彼を招待していた友人たちとひっくり返った鍋を皮肉っている…。

513 V, 281–283 エリザベト宛書簡 1649年2月22日〈7–58頁〉

514 VI, 6 et 10『方法序説』第一部を参照　理性的なものと歴史的なものとの対立に関しては、H・グイエの『デカルト論』270–275頁を参照。

515 VI, 14〈『方法序説』23頁〉

516 VI, 12〈『方法序説』21頁〉

517 IV, 412〈エリザベト宛書簡〉1646年5月〈7–66頁〉。エリザベトは、それに十分満足していたことを認めていたが、「私生活について」（IV,405–406〈エリザベトのデカルト宛書簡〉1646年4月25日〈7–58頁〉）先の書簡の道徳的格率を補完するよく吟味された格率を求めていた。1645年9月13日以来、彼女は、「運命」（エリザベトのデカルト宛書簡 1645年9月13日〈6–330頁〉）による人格の変化を受けないような人々の平静さと「人民の統治者」（IV,288–289〈エリザベトのデカルト宛書簡 1645年9月13日、6–330頁〉）の不安との違いを指摘していた。というのも、彼らの決定は他の人々を拘束するからである。だが、デカルトは、「他者に対する純粋な愛情」（IV, 309 エリザベト宛書簡 10月6日〈6–352頁〉）が与える満足について一般的な返事をしていた。

518 IV, 412, エリザベト宛書簡 1646年5月〈6-65頁〉

519 ib.〈エリザベト宛書簡 1646年5月、6-66頁〉

520 IV,492 エリザベト宛書簡 1646年9月、7-142頁〉、「私がこうした事柄で殿下に何かお教えできると考えるなら、揶揄されてしかるべきでありましょう」。

第四節

521 IV, 531

522 IV, 521〈エリザベトのデカルト宛書簡〉1646年10月10日〈7-163頁〉。デカルトは、前年、公的な生活についてのエリザベトの最初の質問のさいに、慈善というキリスト教の徳を典拠にしていた。その道徳の「共通の法」とは福音書の表現である（『マタイ伝』VII,12）。

523 IV, 531〈エリザベト宛書簡 1646年11月、7-171頁〉

＊524 IV, 486 エリザベト宛書簡 1646年9月、7-137頁

＊525 同書簡、同頁

＊526 同書簡、同頁

527 IV, 488〈エリザベト宛書簡 1646年9月、7–139頁〉

528 ib.488〈エリザベト宛書簡 1646年9月、7–138頁〉

529 ib.487〈エリザベト宛書簡 1646年9月、7–139頁〉

530 ib.488〈エリザベト宛書簡 1646年9月、7–138頁〉

531 IX, 489〈エリザベト宛書簡 1646年9月、7–139頁〉

532 ib.〈エリザベト宛書簡 1646年9月、7–140頁〉

533 IX, 489 エリザベト宛書簡 1646年9月

534 ib.489〈エリザベト宛書簡 1646年9月、7–140頁〉

*535 同書簡、同頁

536 IX, 490 エリザベト宛書簡 1946年9月、〈7–140頁〉

537 IX, 491〈エリザベト宛書簡 1646年9月、7–141頁〉

*538 IV, 491 エリザベト宛書簡 1646年9月、7–141頁

*539 IV, 491 エリザベト宛書簡 1646年9月、7–141頁

540　ib.〈IX, 489, エリザベト宛書簡 1646年9月、7–141頁〉

541　IV, 490 エリザベト宛書簡 1646年9月〈7–140頁〉。IV, 521–522 エリザベトのデカルト宛書簡 1646年を参照

542　「迷信深く、単純な人間の…」狂信、「…その良心は、彼がその民衆の宗教を変えなければ安心できない」〈エリザベト宛書簡 1646年9月、7–140頁〉。このことが示すのは、信仰の自由がいかにデカルトにとっては尊重すべきものであるかである。そして、『情念論』で、求められる論述上のコンテキストから離れて、デカルトは熱烈に「盲信者」を非難する。その外的実践に対する熱情は、「国民が自分の意見に従わないということだけで、町を敵の手に渡し、裏切り、君主を殺し、住民すべてを抹殺するように、ときには人間によって犯されうる最大の罪をなすように命ずる」(a.190〈『情念論』190項、294頁〉)。

543　IV,490〈エリザベト宛書簡 1646年9月、7–141頁〉

*544　IV,491 エリザベト宛書簡 1646年9月、7–141頁

第五節

545　デカルトは、「他にたくさんの仕事を持っておられる女王」(V, 327 シャニュ宛書簡 1649年3月31日〈8–169頁〉)を教えることは、できそうもないことは前もって十分予想していた。

546　V,232–233〈エリザベト宛書簡〉1648年10月〈8–88頁〉

＊547 V.284 エリザベト宛書簡 1649年2月22日、8–130頁

548 力と権利は明らかに別物であるが、「自分を弁護するのに公正さと国際公法しかない国」は、その要求すべてが満たされるのを見たいと願ってもかなわない（IV, 284）〈エリザベト宛書簡 1649年2月22日、8–130頁〉。

549 V, 284 エリザベト宛書簡 1649年2月22日〈8–130頁〉

550 V, 284–285 エリザベト宛書簡 1649年2月22日〈8–131頁〉

551 「二、三年平和が続いた後には、そこでの滞在は地上の他のどんな場所での滞在と同じく快適でありましょう」（V,285〈エリザベト宛書簡 1649年2月22日、8—131頁〉またもっと後の何行かで、デカルトは「その美しさ」を引き合いに出す。※全集V巻に見られる。

552 V, 285〈エリザベト宛書簡 1649年2月22日、8–131頁〉

553 デカルトが自分を「最も高く」評価するやり方を皮肉るのは容易であろう。だが、議論の正しさへの極度の自信によって、バイエによれば、苛烈な論争のさなかでさえデカルトは物腰が柔らかであった（『生涯』第2巻、446頁。聖人伝の専門家らしいバイエ神父の言である。

554 デカルトは、いくどもホイヘンスに取りなしを頼んだ。一緒に音楽を演奏した（1639年10月）二人の友人の牧師のために、母を守ろうと不幸にも他の農夫を殺すことになってしまった貧しい農夫のために、また自己の任務を失う危険がある正義の将校のために。というのもデカルトは許してやることを欲したからである。デカルトが言うには、そのことによって彼のたくさんの無実の子供たちを罰することになるであろう。「隣人のためにもたなければならない慈愛」（1647年12月27日、ロス版）を欠かないようにデカルトは仲介する。

555　デカルトが、自分の召使の一人に数学を教え、天文学者になった隣人の靴屋を自分の友人として遇したことなど。

556　VIII, B, 108　ヴォイエチウスへの書簡、ラテン語。この書簡が確証するように、デカルトは多くの親戚や友人に会うことから逃れようとその静寂さのゆえに他の何処よりも好んでオランダを選ぶ。バルザック宛書簡 1631年4月と5月を参照。「他のどんな国でこれほど全面的な自由を享受できるでしょう」（I, 204　バルザック宛書簡 1631年5月5日〈1-187頁〉）。フロンドの乱以来パリに在って、デカルトはすぐにこの「すでに平和がある国」へ帰って行った（V, 198 エリザベト宛書簡 1648年夏〈8-59頁〉）。なぜならデカルトは、「年をとったせいで、かつて武器を取ることを好ませた肝臓の熱」（メルセンヌ宛書簡 1639年1月9日〈3-164頁〉）をいくぶんか揶揄するからである。そして平和を祝ってクリスティナに請われた舞踏で、大いに伝統的なアレゴリーと並んで、カローのように遠ざかり逃亡者または障害者の「序」で戦争の恐怖を描写して、私的ではないがいくぶん独創的なアクセントを見出す。それを見て平和より戦争を好む人は誰も「頭脳が壊れている…」（ジュネーヴ誌、2号、1920年 173頁以下）。

557　IV, 354–355〈エリザベト宛書簡〉1646年1月。それで「完全性」ではなく最高度の「便宜」〈IV, 354–355 エリザベト宛書簡 1646年1月、7–6頁〉が重要である。「したがって誰かに仕事を提供するとき、彼は一方で名誉とそこから期待できる利益を善と考え、他方で労苦、災悪、時間の損失また他の類を悪しきものと考え…、そして多かれ少なかれ前者より後者がより大きくないと見ることによって」〈IV, 354–355, エリザベト宛書簡 1646年1月 7–6頁〉、拒否するか受け入れるかする。だが、デカルトは、「われわれの自由意志に」〈IV,354–355、エリザベト宛書簡 1646 年1月、7–6頁〉、依存しないものはすべて「ほとんど重んじ」〈IV, 354–355 エリザベト宛書簡 1646年1月〈7–6頁〉〉ない。軍職に魅力を感じた後、また、イタリアから帰った後、デカルトは知恵の追求に全面的に没頭しようと、自分の兄弟と同じく官職に就くことを断念した。

558　IX, B, 17『哲学原理』〈『哲学原理』26頁〉

559　IV, 357 エリザベト宛書簡 1646年1月〈7–7頁〉

560　フランシーヌが1640年に五歳で死んだとき、デカルトは良い教育するためにフランスに連れて行く準備をしていた。

561　エリザベト宛書簡 1649年10月9日（ストックホルムから）を参照　デカルトが常に好むであろうのは「女王に気に入られたいという願望より奉仕することの有用性である」。「したがって、そのことは女王に私の意見を率直に語ることを妨げないでしょう」（V,430）〈エリザベト宛書簡 1649年10月9日、8–262頁〉。

＊562　IV, 357 エリザベト宛書簡 1646年1月、7–7頁

563　IV, 357 エリザベト宛書簡〈1646年1月、7–7頁〉

564　V, 430 エリザベト宛書簡 1649年10月9日、8–262頁

結論

第一節

565　エリザベトは、その事実をそのまま認めて合理的な説明をすることとなる。「自分を感激させるものにいっそう愛情を抱えておりますので…、私もいろんなやり方をよく検討してみました」（IV, 579〈デカルト宛書簡〉1646年11月29日〈7–206頁〉）。だが、デカルトは、「偶然の運だけに支配されている賭け事において…」も（V, 530〈エリザベト宛書簡

1646年11月、7–170頁〉）そのことを体験したのであった。

566 デカルトは「自分の内面の傾向」に対応した「ソクラテスの霊」〈IV,530 エリザベト宛書簡 1646年11月、7–170頁〉に触れたばかりである。

567 IV, 530 エリザベト宛書簡 1646年11月〈7–170頁〉

568 IX, B, 2『哲学原理』序〈『哲学原理』12頁〉

569 IX, B, 2–3。IV, 291 エリザベト宛書簡 1645年9月15日を参照。道徳を基礎づけるために「真理の認識」〈IX, B, 2–3『哲学原理』12頁〉を切望してデカルトはこう付け加える。「だが、すべての事柄を完全に知っているのは神だけであるから、必要なことは、最も有益なものでよしとすることである…」〈IV, 291 エリザベト宛書簡 1645年9月15日〈6–333頁〉〉。

570 IX, 42〈『省察』79頁〉

571 IV, 307 エリザベト宛書簡 1645年10月6日〈6–352頁〉

*572 IX, 14『哲学原理』24頁

573 IV, 265〈エリザベト宛書簡〉1645年8月4日〈6–308頁〉

*574 IV, 530 エリザベト宛書簡 1646年11月、6–308頁

575 IX, 30 第三省察。こうした傾向はここで自然の光ないし理性に対置されている。II, 599 メルセンヌ宛書簡 1639年10月

16日〈3-253頁〉を参照。

第二節

576 V, 356 クレルスリエ宛書簡 1649年4月23日〈8-195頁〉

577 IX, 49『省察』四〈『省察』92頁〉

578 IX, 30〈『省察』56頁〉

579 VI, 2〈『方法序説』8頁〉

580 VI, 2〈『方法序説』8頁〉

581 VI, 28〈『方法序説』40頁〉

582 ib.〈『方法序説』40頁』〉

583 本書第二章五節、40頁参照。1637年でさえ、デカルトは科学によって人間の命を延ばす可能性にまったき信頼を寄せていたが、その不安定な特徴は意識していた。だが、少なくとも死の一ヵ月前に、「真理探究においてさらに前進する」(V, 467, 430 エリザベト宛書簡 1649年10月9日〈8-262頁〉)ことが望めるような自分の「独居の日々」(ブレギー宛書簡 1650年1月15日〈8-300頁〉)に戻りたいと願うであろう。

584　IV, 414（エリザベト宛書簡 1646年5月）〈7–67頁〉

585　『情念論』a.211〈『情念論』211項、312頁〉

586　ib.〈『情念論』211項、312頁〉

587　ib.〈『情念論』211項、312頁〉

588　IV, 414〈エリザベト宛書簡〉1646年5月）〈7–67頁〉

589　『情念論』170項

590　IV, 295 エリザベト宛書簡 1645年9月15日〈6–336頁〉

591　本書第一章第三節参照。

第三節

592　IX, B, 15『哲学原理』〈『哲学原理』24頁〉

*593　エリザベト宛書簡 1645年8月4日〈6–308頁〉

594　「イペラスピスト」（最後の攻撃相手）という筆名で自分を隠している一人の通信者あての1641年のラテン語の手紙は、

『省察』ついての一連の反論に答えている。それが手間取ったことで印刷が進行中のこの書に入れることはできなかった。

＊595　III, 422 X宛書簡 1641年8月、5–30頁

596　デカルトは、その腐敗する性質に精神の不死性を対置する（III, 422〈X宛書簡 1641年8月〉）。人間が純粋な精神なら、認識におけるその進歩と神の愛はその幸福には十分であろう。だが、この生命を保持し理性と情念の間のバランスを保ちたいという願望によって、具体的な道徳が心身結合の偶然的で漠とした諸条件と不可分になる。

597　III, 422–423〈デカルトからX宛書簡 1641年8月、5–30頁〉

598　『情念論』146項、本書1章4節 18頁で引用してある。最後の瞬間に、襲撃しようとして泥棒がどの道を選ぶかは確信できない。「理性」に従うためには、「悟性が知りえた最良のことをする」〈『情念論』146 項、259頁〉だけで充分である。

599　IV, 353 エリザベト宛書簡 1646年1月〈6–366頁〉

＊600　IV, 334 エリザベト宛書簡 1645年11月3日、6–366頁

601　IV, 334 エリザベト宛書簡 1645年11月3日〈6–366頁〉

602　IV, 308 エリザベト宛書簡 1645年10月6日〈3–352頁〉

603　IV, 265〈エリザベト宛書簡〉二つのテキスト間のニュアンスを明瞭に規定しないままデカルトが自然に行う転換。

＊604　IV, 265 エリザベト宛書簡 1645年8月4日、6–308頁

605　本書四章第一節83頁参照。「理性」への訴えにもかかわらず、その定式は最良の判断を奨める『情念論』153項とほぼ同一である。

606　IV.266〈エリザベト宛書簡〉第3の規則の帰結。すなわち「このように、できうる限り理性によって行動するが、自分が所有していないすべての善は、それゆえいずれもまったく自分の力の外にある…と彼は考える」(IV.265〈エリザベト宛書簡1645年8月4日、6-309頁〉)。

607　『情念論』49項〈『情念論』49項、181頁〉

608　a.148〈『情念論』148項、261頁〉

第四節

609　a.212〈『情念論』212項、313頁〉

610　a.152〈『情念論』152項、264頁〉

611　a.153〈『情念論』153項、265頁〉

612　a.211〈『情念論』211項、311頁〉

613　IX-2, 23〈『哲学原理』24頁〉

614 IX–2, 22〈『哲学原理』32頁〉

615 IX, B, 22 1644年のラテン語版の冒頭のエリザベト宛書簡の翻訳、本書第四章第一節84頁の引用テキスト。1647年の（IX, B, 3）序のテキストを参照。

*616 IX–2, 23『哲学原理』27頁

617 上掲書63、66、75頁参照。それゆえ「経験主義」を語ることはできないであろう。

618 VI, 64『方法序説』〈『方法序説』85頁〉

619 『哲学原理』四部、205項〈デカルト所収『哲学の原理』、朝日出版社、1988年、301頁〉

第五節

620 IV, 266 エリザベト宛書簡 1645年8月4日。第3の規則の注釈。V, 83–84 クリスティナ宛書簡 1647年11月20日を参照。「自己の義務を果たしてしまうために、人が（その内容によって）「有徳な行為」をつむ限り「良いと信ずること」に「活力」をもって取り組むだけで十分であり、「しかしまた、悪をなすと考えたりそれが何であるかを知ろうとしない限り、有徳な人間として行為することはない」（V, 83–84, クリスティナ宛書簡、1647年11月20日）〈7–336 頁〉。

621 I, 366 メルセンヌ宛書簡 1637年4月27日　意志の躊躇は、悟性が「意志にさまざまな事柄を同時に表象する」（I,366 メルセンヌ宛書簡 1637年4月27日）〈1–361頁〉ことから生ずる。そして、デカルトは、また、オイデウスの詩句を引

き合いに出す。「私は最善のことを見てそうと知りながら、最悪のことを選ぶ」。だが、「罪を犯すことがわれわれには不可能であろう」（IV, 115, メラン宛書簡 1644年5月2日）〈6–156頁〉そうでなければ、それは混乱した見解である。

622 本書第一章の終わりを参照

623 VI, 2〈『方法序説』8頁〉

624 VI, 2〈『方法序説』8頁〉

625 二つとも普遍的で力として不分割で、われわれのうちにおける神のみしるしである。『デカルトに拠る個体性』、第7章 190–193頁を参照。

626 X, 360〈『精神指導の規則』規則1〉

627 IV, 237〈エリザベト宛書簡 1645年6月、6–278頁〉

628 IX, B, 4『哲学原理』〈『哲学原理』14頁〉

629 IX, B, 4『哲学原理』〈『哲学原理』14頁〉

630 V, 82 デカルトのクリスティナ宛書簡 1647年11月20日〈7–335頁〉。本書第4章1節を参照。この平行論には反対の結果として次のようなことがある。「われわれが絶対的にわれわれ自身に責任を持つことができるのは自分が自分自身に属している間だけで、理性の使用ができなければ命を失うほうがまだ良いのです。なぜならば、信仰の教えがなくとも自然的哲学だけで魂が現在ある状態より死後ずっと幸せな状態になれるからです。そしてその哲学が不快なものとして恐れさせるのは、魂が身体に結び付けられていてその自由を全面的に奪われること以外にないのです」（IV, 282、エリザベト宛書簡 1645年9月1日〈6-326頁〉）。

631 V, 83〈クリスティナ宛書簡 1647年11月20日、7-335頁〉

632 V, 84〈クリスティナ宛書簡 1647年11月20日、7-336頁〉

633 VIII, B, 43「ヴォイエチウス宛書簡」。ラテン語で、「…すべての学識（デカルトにとって侮蔑的な意味での「学識」を示すのではない）すべての良識、すべての人間的知恵…」。

第六節

*634 V, 83 クリスティナ宛書簡 1647年11月20日、7-335頁

635 IX, 46『省察』第四省察

636 VI, 66〈『方法序説』六部88頁〉

637 IX, B, 22『哲学原理』（『哲学原理』33頁）

638 I, X, 361『精神指導の規則』1則〈『精神指導の規則』11頁〉

639 IV, 307 エリザベト宛書簡 1645年10月6日〈6–352頁〉

640 『情念論』211項

641 われわれが有しているデカルトの最初の書簡は、すでにこうした重要な関心を記している。デカルトは、友人ベークマンについて、知性がその最良の部分ではあるが知性だけでなく全体的人間にも関心を示している。

642 『情念論』148項〈『情念論』261頁〉

643 H・グイエ『デカルト試論』216頁を参照。「『方法序説』全体を通じてデカルトは自己の満足について語る。デカルト哲学は、満足した、その哲学によって満足した人間の哲学である」。

*644 『情念論』148項 261頁

645 IV, 264–265 エリザベト宛書簡 1645年8月4日〈6–308頁〉

646 IV, 264–265 エリザベト宛書簡 1645年8月4日〈6–308頁〉

647 IV, 317〈エリザベト宛書簡〉1645年10月6日〈6–358頁〉

648 IX, 37 第三省察〈『省察』76頁〉

649 重要なのは、それが、「人間の生命は、特別な事柄においてはきわめてしばしば危機に瀕する」という見解の後での『省察』の最後の言葉（IX, 72）〈『省察』第6省察、134頁〉であることである。

650 I, X,3 61『精神指導の規則』1則（ラテン語）。V, 3, 27, 72『方法序説』、IX, 42『省察』、IX, B17–18『哲学原理』、X, 501–502『真理探究』etc を参照。

デカルトの生涯と著作

1596年　3月31日トゥレーヌ州ラ・エで生誕。

1606年～1616年　ラ・フレーシュのイエズス会の学院で学ぶ。

1618年　オランダで従軍、ベークマンと共に数学と自然学の諸問題を解き、ベークマンに『音楽提要』（ラテン語版、1650年に出版、1668年に仏訳）を献呈。

1619年　10月～11月　ドイツ滞在、三つの重要な夢を見たとデカルトが注記。

1620年～1625年　旅行

1622年～1623年　フランス、1623年―1625年にイタリア滞在、その後パリに居住。1618年から1628年にかけての「思索私記旅行 Les Cogitationes privatae」が、他の未編集断片と共に1859年に出版。1701年に『精神指導の規則』（ラテン語、未完成）が他の自然科学の小品と共に出版。バイエは、今日では喪失されたいくつかの未完の作品を引用「良識の研究」としている（『デカルト伝』）。

1628年～1629年	冬、オランダに定住、そこでたびたび転居、1644年、1647年、1648年の三回の短期滞在以外はフランスに帰国せず。ガリレオ断罪（1633年）で、1664年に出版された未完の『世界論』と『人間論』を中断。
1637年	『方法序説』出版、「屈折光学」（視覚の研究、屈折の法則）、「気象学」（虹の興味深い諸現象の機械論的な説明）、「幾何学」（幾何学の諸問題の代数的な解法、段階的に曲線を分類、方程式の一般的な理論）への序。「方法序説」、「屈折光学」、「気象学」のラテン語訳が1644年に、「幾何学」の訳が1649年に出版。
1641年	『形而上学的省察』（ラテン語）、第1部 懐疑、第2部 コギト、第3と5部 神の存在、第4部 真なる判断の諸条件、第6部 魂と身体の実在的区別の論証、外的世界の存在と魂と身体の実体結合の論証、六つの反論とデカルトの答弁付き。
1642年	『省察』第二版、7番めの反論と答弁、およびオランダの幾人かの牧師との論争に関するイエズス会会員ディネ神父への書簡付き（1643年のラテン語のヴォエチウス宛書簡と、1645年のユトレヒトの司法官への弁明書簡を参照） 1647年に『省察』のフランス語訳
1644年	『哲学原理』（第一部「人間の認識の諸原理」あるいは形而上学。第二部、自然学の一般的原理。第三部、天文学と様々な要素の生成。第四部、地球の形成。主要な物体の特性。最終部（a.188–207）はこの著作の欠落を示し、感覚の理論を素描し、体系の確実さに関して結論を下す）。ラテン語版はエリザベート王女への献辞が先についている。（1647年の）フランス語訳は（知恵に関する）翻訳者への長い書簡の序文を含む。
1647年	デカルトの不誠実な解釈家、レギウスとの断交。
1648年	4月16日、ビュルマンとの対話（1896年出版）。

1649年　『情念論』

1649年　9月1日多くの逡巡の後、デカルトはストックホルムに立つ。恐らくその時（この著述がもっと前のものでない限り？）フランス語での対話を開始、すなわち、『自然の光による真理探究…』であるが、（1701年に）『精神指導の規則』と共にラテン語で出版。

1650年　2月11日　ストックホルムで逝去。

デカルトの手紙は、部分的にクレルスリエによって3巻で（1657 1658 1659年）出版された。ついで、ビクトール・クザン版によって補完されて、1824年—1826年に翻訳された。

1897年—1913年にアダンとタンヌリによって出版され、1926年にロスRothによって出版された。

訳者　大﨑　博
早稲田大学・同大学院修士課程卒業、同大学院博士課程満期退学
著作：『日常言語で考える論理的思考の手引き』、『論証と論理』、『ベルクソンの道徳・宗教論』、『命と医療の倫理』（共著）、「コンディヤックの発生論的認識論」、「デカルト形而上学における感覚の役割」、「仏ジャーリズムの中の“サルトルの死”」
訳書：J・レヒテ『現代思想の50人』（共訳）、H・グイエ『メーヌ・ド・ビラン』（共訳）、メーヌ・ド・ビラン『人間の身体と精神の関係』（共訳）、ベルナール・スィシェル『メルロ＝ポンティと哲学の身体』、ダニエル・C・デネット『ダーウインの危険な思想』（共訳）

デカルトの道徳論

2025年2月10日　　初版第一刷発行

ジュヌヴィエーヴ・ロディス＝レヴィス
Geneviéve Rodis-Lewis

訳　大﨑 博

発売　有限会社 成隆出版
〒104-0041　東京都中央区新富1-5-5-406
電話 03-3297-8821　FAX 03-6820-3203

カ バ ー　TAO Design
印刷製本　株式会社 丸井工文社

ISBN 978-4-86825-000-5　C3010
